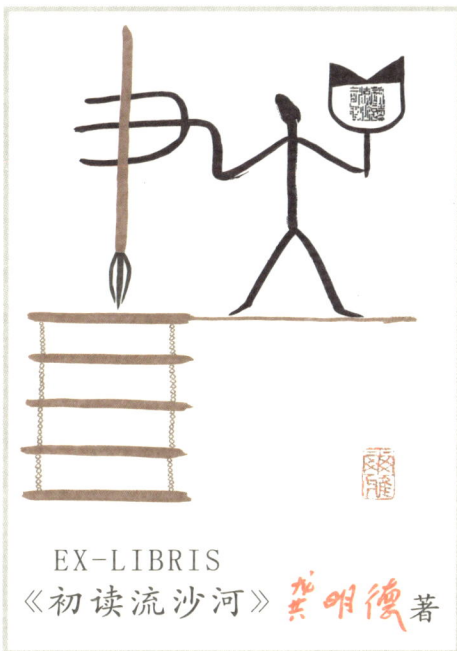

EX-LIBRIS

《初读流沙河》 龚明德 著

尔雅文丛-02   设计：何青玲

初读流沙河

龚明德 著

ZHEJIANG UNIVERSITY PRESS
浙江大学出版社
·杭州·

图书在版编目（CIP）数据

初读流沙河 / 龚明德著. -- 杭州 ： 浙江大学出版社，2025.8. -- ISBN 978-7-308-26461-7

Ⅰ. K825.6

中国国家版本馆 CIP 数据核字第 20253T249F 号

初读流沙河

龚明德 著

特约策划	蠹鱼会·夏春锦
责任编辑	罗人智
责任校对	闻晓虹
封面设计	许　悦
出版发行	浙江大学出版社
	（杭州市天目山路 148 号　邮政编码 310007）
	（网址：http://www.zjupress.com）
排　　版	杭州朝曦图文设计有限公司
印　　刷	杭州捷派印务有限公司
开　　本	880mm×1230mm　1/32
印　　张	11
字　　数	210 千
版 印 次	2025 年 8 月第 1 版　2025 年 8 月第 1 次印刷
书　　号	ISBN 978-7-308-26461-7
定　　价	88.00 元

流沙河与其母亲和儿子一九七九年摄于故乡金堂县文化馆

人与书共一床

流沙河最喜欢的自书字幅之一

流沙河与茶友摆龙门阵

序一

范家进

一收到明德君发来的《初读流沙河》电子稿，很为他感到高兴。他虽已退休多年，但仍然文思勃发、著述不辍，保持着旺盛的写作激情和相当高的产出率，这是很不简单的，非得对自己所从事的工作葆有一种别样的痴心痴情不可。

但紧接着就被吩咐写几个字弁之书前，则不免又一次诚惶诚恐了。

两三年前收到他另一部书稿时我就明确表示过，写点读后感倒也勉强能胜任，题跋作序之类，当另请方家，否则不符合当今国内著作界的惯例。

可明德君有"不得推辞"的叮嘱，不知出于何因。也许他觉得，触碰触碰某些成规惯例，或许也不失为一件有趣的事儿？

好在对流沙河先生，我一直是非常崇敬和景仰的，虽然在他生前我无缘拜会（哪怕是某些会议上远观），但他的著作在中国现当代作家当中，相对还算读得不是太少。课堂上讲授"中国当代文学史"，他二十世纪五十年代的《草木篇》和八十年代的《十二象》《锯齿啮痕录》，我总是会在相应时代的诗歌和散文中提到或重点讲解,且总是喜欢在不同场合,引用他一些脍炙人口的对联,还知道他晚年很是迷恋 UFO……

明德君却是对流沙河先生有三十多年接触和亲炙的人,读这部书仿佛就像听一位兄长娓娓介绍和讲述他身边一位熟悉而可敬的前辈长者,如他中学时代发表的小说处女作、他的各种笔名、他如何一辈子感念发现自己的伯乐和恩师西戎先生、他"文革"结束刚获"解放"时如何在家乡县城编辑《三江文艺》、有人如何在一九八〇年就冒充流沙河的名字发表诗歌等等,一下子将这位让我高山仰止的作家向我拉近了许多。尽管明德君在"编后"里谦虚地表示,他是觉得"走近流沙河"不容易才改用现在的书名,但对我这样的普通读者而言,却是借助这部书实实在在地向这位为人为文都殊堪钦佩的大家走近了很多。其欣喜也何如!

流沙河先生主要以诗人身份名世,而本人在有限的评论工作中主要针对小说发言,向来将"解诗学"看得极为神圣,所以未能对流沙河先生的创作轨迹进行长期关注,更无从置评他在二十世纪新诗艺术创造历程中的诸多贡献。但据我有限的新诗历史知识来判断,流沙河先生在中外文化视野的广阔和中外诗学涵养的精深上,在同时代及在他之后的许多诗人中,都是堪称独步的。基于战争及随后的政治运动及教育体制等原因,一九三〇年代及其后出生的数代中国诗人,在国学与西学知识的系统吸收和培育上,都存在许多匮乏与缺陷。但流沙河凭其天赋、机遇和勤奋,在这两方面都拥有相当扎实的根底。故在蒙冤成为"右派"被惩罚性"改造"期间,在几乎缺乏任何参考书的条件下,他能仅仅根据记忆，给自己小孩编写古典诗词和英语的私人教材。这需要多大的博闻强记能力才能够胜任！同时，在那个"知识越多越反动"的年月，这也需要对自己所处时代具有与众不同的辨识力和超越性的穿透力。归结到一点，其实就是一种逆风而行的行动能力。进入文学"新时期"后，流沙河能很快写出《十二象》这样的诗学理论著作、能够以诸多时间和精力投入对海峡对岸新诗创作的热情引介，更不用说在创作上的佳作连连，显然也都是以这种打通古今中外人为藩篱的世界性诗学视野为依托的。

明德君凭借他对诗人流沙河创作道路的持续关注，还有他与诗人长期交往中结下的不凡友谊，对流沙河诗里诗外的种种经历、细节、创作与发表的具体过程等，做了许多挖掘、爬梳和考辨，探幽索微、刮垢磨光，对于我这样一个喜欢流沙河的创作并崇敬其为人风范的人来说，读起来真是兴味盎然、惊喜不断。故不免得陇望蜀，期待他计划中的《再读流沙河》能够尽早问世、嘉惠读者。

二〇二四年十一月三日于杭州

序二

张叹凤

　　龚明德兄年长我四岁,初结识时,他也不过三十余岁,年轻,身体瘦削精悍,面色黝黑,衣着朴素,口音是奇怪的楚音,能听懂。当年他是四川文艺出版社的编辑,已经出版了自己研究丁玲的专著,对巴金、艾芜等川籍老作家已经形成自己的业余研究计划,正努力着手实现。我认识他是因为投稿,出版我的第一部研究文集《文苑星辰文苑风——中国现代作家漫考》。这部书稿由尊长流沙河先生作序,承先生不弃,对全文有详细厘订纠谬,在序文中形容我"性近白鱼,喜潜书海"。实际惭愧,这句话用以形容流沙河先生自己尤其是他的中晚岁,颇为允宜。移赠龚明德,更如同画出。事实证明,书是龚明德兄与流沙河先生最好的朋友,而古今经典文学研究,更是他们生命活力的寄托。二人结缘认识交谊,起因于我,超过于我。前二三十年的情况正如吴茂华老师所说:"龚明德是我们家的常客,老先生与他一同修书,赏心乐事,而我们家煮的杂酱面条成了他的偏爱。"流沙河先生晚岁的几部文化宣讲著作,都有着龚明德夫妇"秘书"般的助力与汗水。在中国现当代文学史实考据与版本研究方面,龚明德有着过人的热情与近乎苛刻的标准。他有着"中国现当代文学研究界的福尔摩斯"的称誉，绝非浪得虚名。"等身"的著作，拿尺量一量肯定是不止了。

去年一则为纪念流沙河先生，缅怀师恩，二则为了纪念我们文友间跨越数十年的"袍泽"，明德兄与我、张阿泉合作出版了一部《后学同忆流沙河》的文集，就中明德兄著文最多，他也最年长，故我征得阿泉弟同意，将其首列署名。事实上限于篇幅，书中所呈现的流沙河先生专题研究文不足明德兄所写作的什一，这还不包括他正着手编撰的先生年谱。他每一文都是罗列群书、详加考证，用事实说话，要费大功夫的。这源于什么？只源于对流沙河先生的敬重与爱戴。颜子说"夫子循循然善诱人，博我以文，约我以礼，欲罢不能"，真是两千多年前的知音。其实龚明德是个"楚狂人"，他口不择言，也有得罪人的时候。但他对流沙河先生，始终如一。我们有时候交流为了节省口头语言简称"沙师"，他却从不，人前人后，凡有提及，必正襟危坐，称"沙河老师"。我想这恐怕在他一生所敬重的师友当中，不是唯一也是寥寥无几吧。"知我者谓我心忧，不知我者谓我何求。"流沙河先生天台玉亭有知，也应该不后悔结交世间龚明德这一位忘年交吧。

流沙河先生是四川成都地标式的人物，即便已经化蝶，其在世时的音容笑貌、文采风流、"情动于中"仍旧活在他的行文乃至标点符号中，活在广大读者和听众的念想里。我和龚君明德兄有幸成为先生私淑弟子，见证他老人家复出后数十年的奋斗经历，点点滴滴，莫过于明德兄沉默无言落实于数十万言的阅读体验中，饶有兴味并展现时代风云的考证中，这是对逝者最好的纪念,对老师高山流水的笙瑟奏颂。明德兄集题"初读",言下之意,"吾文如万斛泉源",还会"不择地而出"。事实证明,他所做的每一项工作,都善始善终,如近年的"大部头"《艾芜年谱》,填补了学术空白,并获得最新一届四川省社会科学优秀成果奖一等奖,可喜可贺。

借用流沙河先生早年序拙著的一段来结束眼下这篇小文代序,"借花献佛",亦祝明德兄宝刀不老、佳作迭出吧:"或论述其人品,或稽考其事迹,或解释其行为,或摹写其风度,……还庐山以真面目,纠正史家和评论家的失误,从而帮助广大读者看明真相,功莫大焉。"我同每位"龚粉"读者一样,期望早日得到这一册专题研究流沙河老师的新书。

二○二四年十一月二十二日于四川大学望江校区叹凤楼

序三

　　惭愧矣！不久前，明德师发来一条微信曰："学东如有闲又有心情，为拙著《初读流沙河》写一两千字序？期待大序！"看到这条微信，真如万里晴空中，一道金光闪亮、震山动河的霹雳，我的世界一下子静止了。要给我极为敬重的学者明德师的著作写序，才智浅薄的我，立即就窘迫起来，忐忑不安、张皇失措。进而，我一看，稿件不仅是明德师的又一新著《初读流沙河》，而且研究的对象还是我念兹在兹、敬若神明的流沙河先生，这更是让德薄能鲜的我，汗流浃背、无所适从。面对诗人流沙河、面对学者龚明德，我何德何能，可以为序？

　　尽管有着"佛头着粪"的自知之明，但就在一刹那间，我却又义无反顾地答应了下来。是的，曾经的我，有着无数的问题，想要流沙河先生为我解答，所以我一直都想方设法获得直接面对流沙河先生的天赐良机。因此，我告诉自己，这一次跨时空的对话，不能就这样悄然错过！我也曾在梦境中多次想见，在那古树参天、晨钟暮鼓、青石板路的大慈寺茶馆里，期待有幸亲炙流沙河先生的謦欬。终于在二〇一三年，流沙河先生八十二岁高龄

7

之时,有幸恭请他老人家为西华大学师生做了一场公益讲座。此次讲座,流沙河先生甚至以"西""华""大""学""王""学""东"这几个字为例展开讲解,在冥冥之中让我与流沙河先生的生命和思想紧紧地串联在了一起。于是,这次重新走近流沙河先生的绝好机会,我也不希望失之交臂。正是有了明德师的著作《初读流沙河》,这样一个可以开动语言机器、可以与流沙河先生隔空畅快言说的机缘,我似乎决然不能放弃。

但真正提笔来写,却又踌躇不决、举棋不定起来。我不知该如何开始,该怎样为序。虽然我做过《星星》诗刊的相关研究,也出过相关的研究专著,但内心最为遗憾的是,未能静下心来对流沙河先生的诗歌和生平,做一系统之研究。此时,面对着曾有万语千言想与之诉说的流沙河先生,我却一下子"失语""无语"了。不过,已经得到了明德师的垂爱,我何不轻装上阵,索性随其漫谈一番呢?因此,尽管有着拾人牙慧之嫌,我还是从我自己的老本行谈起,从"一生都与诗有关"的流沙河先生的"诗事"谈起。

赞曰:"天上有三颗星星,一颗是青春,一颗是爱情,一颗就是诗歌。"借用卢延让的话,在我看来,流沙河先生无疑是中国诗歌的"当代诗星"。唐代卢延让在《吊孟浩然》一诗中云:"高据襄阳播盛名,问人人道是诗星。"在中国当代诗歌史上,流沙河先生无疑具有典型性,可以说是能与孟浩然相媲美的耀眼的一颗"当代诗星"。一九五七年一月一日,流沙河先生参与创办的《星星》诗刊是新中国第一个官办诗刊。在特殊的历史背景之下,流沙河先生的《草木篇》引发了一场意想不到的系列批判,二十五六岁的他被推到了时代的风口浪尖,从《四川日报》《草地》到《文汇报》《诗刊》《文艺报》，都有锋芒毕露的批判文章，这成为一次重要的政治、历史事件。毛泽东曾四次提到《草木篇》和流沙河，使得"流沙河现象"引起了高度关注，成为一个超越地域、超越文艺界的全国性大事件。值得注意的是，在流沙河先生的生平与创作之中，其最重要的身份还是诗人，最有影响力的作品也是诗歌。如散文诗《草木篇》就被誉为"中国当代诗坛上具最强感染力和具有深刻内涵的诗作之一"，成为"十七年诗歌的宝贵收获"。二十世纪七十年代末"活着从远方归来"的流沙河，与绿原、牛汉、曾卓、艾青、公刘一并被称为"归来者"。其《归来》《太阳》《老人与海》《理想》等反映个人生存遭遇的诗作，可以说已经进入"经典诗歌的序列"。他的《故园六咏》获"1979—1980年全国中青年诗人优秀新诗奖"，诗歌《就是那一只蟋蟀》《理想》也被中学语文课本收录。吴思敬在《艾青和"五七"受难者的回归》中认为流沙河"写出了苦难岁月中一个正直的知识分子心灵的痛楚与挣扎"，深刻揭示了时代带给人们身心的双重伤害。杨鼎川在《1967：狂乱的文学年代》中也认为，流沙河是"写出了'真诗'的诗人"。一九九三年二月和二〇一七年七月分别由中国友谊出版公司和语文出版社印行的《七家诗选》，收录了载入《世界名人录》的七位中国当代诗人，其中一"家"就是流沙河。有学者甚至认为："在二十世纪八十年代初期的中国诗坛上，巴蜀诗人流沙河无疑是人气最旺、读者最多、影响最大的诗人之一。"总之，在中国当代诗歌史上，流沙河的诗歌无疑有着经典性的特质，非常需要我们继续耕耘。流沙河，绝对是中国当代诗歌史上一颗闪亮的"诗星"！

此后，流沙河先生更完成了从诗人到学者的身份转变。他对古汉字、庄子、《诗经》，以及台湾诗歌的研究，都有着重要的社会影响，其成就已为世所公认。可以说，流沙河先生的学者身份是不亚于其"诗星"身份的。他的相关学术观点和方法，或许是可以商榷的。但非常值得一提的是，流沙河先生并非一个书斋中，或者说象牙塔里的学者，而完全承担了一个文化传播者甚至说传道者的重要角色。流沙河先生在成都图书馆等地开设了系列讲座，讲庄子、讲《周易》、讲《诗经》、讲汉魏六朝诗歌、讲唐诗、讲古文字，让大众直面传统、感受诗意、正视历史，影响甚大。如他关于汉字的系列讲座，引经据典，从甲骨文、繁体字再到简化字，展示了不同汉字的语义及书写形态演变，昭示了传统的智慧，以及汉字背后所蕴藏的深刻文化内涵。质言之，在诗歌之外，流沙河先生的学术研究，体现出热爱生命、追求真理的光辉。他所释放的融通古今、横贯天人的"星斗般光芒"，可谓自始至终。

但于我而言，直到现在，我似乎都还无法直视照片上的这个瘦削的老人，在内心一直都交织着复杂的情感。我的国家社科基金项目是"《星星》诗刊研究"，我在研究过程中几乎收集和翻阅了与二十世纪五六十年代《星星》有关的所有档案、报刊、文件和相关著作，当然也就几乎全面阅读了与流沙河先生相关的文献资料，因此可以说非常熟悉他的个人历史。在那段历史中，不管流沙河先生是负重前行，还是说飘然闪过，我们都对他的这段复杂的历史有着难以释怀的、不可跨越之沉痛。不过，如果回到流沙河先生个人及其生命历程，却又是如此的活泼，且充满了人生的各种迷人体验和激情。流沙河先生,更是"人间的一颗星"。换言之,即使是仅仅面对流沙河先生的读书与写作,作为一个身居象牙塔之中并自负为写作者、读书人、研究者的我,也不时有着被流沙河先生"这颗行走在人间之星"打开永恒空间之感,且不断涌现出一种全新的生命境遇。

憾矣!甚为遗憾的是,至今除了三两本回忆文集,学术界竟无一部研究流沙河先生之专著!

呜呼哀哉!面对"诗星"流沙河先生,我真羞愧难当。着实让人羞赧的是,尽管有着相关前期研究成果的学术基础,我却并没有一如既往地进一步勘探"当代诗星"流沙河先生诗歌的内涵与气度!同样使人愧怍的是,坐拥较多相关文献资料的我,却深感力所不及,未能究览流沙河先生灿烂生命的幽微与淡定。更令我自己汗下的是,胆色暗淡之我,竟不能也不敢,如痴如醉地沐浴着流沙河先生这颗"当代诗星"宠辱不惊的透彻光芒。

幸甚!幸好还有"今世汉儒龚明德"!

可遇而不可求的是,明德师是举世无双、独一无二的"流沙河办公室主任"!由于明德师长期与流沙河先生的交流,江湖戏称其为"流沙河办公室主任"。明德师所拥有的,是这样一个无人能代替的"硬核"荣誉。不只是有着"流沙河办公室主任"称号,明德师还有着远超于常人的"流沙河情结",以及庞大的"流沙河文化工程"。尽管已经年逾古稀,明德师还组建了流沙河文化研究团队、在流沙河故里创办了三四年不间断的官方微信公众号周刊《流沙河园地》、举办了系列流沙河讲堂,为研究"当代诗星流沙河"而不遗余力。特别是作为"流沙河办公室主任",明德师与流沙河先生之间亲密无间、推心置腹，并成莫逆之交。他的这本《初读流沙河》，是学术界第一本系统研究流沙河先生的学术专著。这本《初读流沙河》，更是明德师用肝胆相照的深情写作的一部"流沙河传记"，全面呈现了"当代诗星"流沙河丰富多样的真实生活、个人形象和历史境遇。在诸多的历史微痕中，明德师此书以"字字有心"的方式刻画"当代诗星"流沙河，这更显生动无比、鲜活灵动，也最为值得细观。

还实为难得的是，明德师，这位被人称为"中国现当代文学研究界的福尔摩斯"的当代学者，集编辑出版家、中国现当代文学研究专家、藏书家、作家、大学教师等多重身份于一体，在中国现当代文献考据方面，探隐索微、去伪存真，有着如方法论一样的重要意义。而且他著作等身，蜚声学界，传承汉儒朴实的考证之精髓，引领一代中国现当代文学研究的考据之风气。在我心中，明德师的学术研究是犹如神一样的存在！明德师的这本《初读流沙河》，彰显出吹毛求疵、追根究底的精深汉儒朴学功底，这无疑将进一步推进中国现当代文学文献学的学科建设。这本饱含着明德师浓浓情义的《初读流沙河》，延续着他一直以来严谨的学风，彰显出汉儒之严苛较真、扎实科学的现代治学精神。不可不说，明德师的这本《初读流沙河》，为我们展现了一个更准确、更真实、更清晰但也难以企及的"当代诗星"流沙河的形象。

叹曰：欲识"当代诗星"流沙河，不可不读《初读流沙河》。"当代诗星"流沙河与"今世汉儒"龚明德，他们在《初读流沙河》中珠联璧合、相得益彰。

歌曰：

怀当代诗星流沙河之如椽巨笔、之山高水长！

感今世汉儒龚明德之六场绝缘、之文江学海！

抛一砖！不足为序！

二〇二四年十二月一日于西华大学

目　录

字学蒙本

题目中,"字学"指中国古汉字的学问,"蒙本"指少年儿童读书使用的发蒙课本。二〇一二年七月十三日,流沙河为该年九月由新星出版社印行的十六开硬精装《白鱼解字(稿本)》写的自序中回忆了他的中国古汉字研究缘起,照录如下。

> 事情因缘于六十八年前,我国抗日战争末期,小子坐在泥地茅盖的教室里(那时刚上初中一期)。成都来的国文老师刘兰坡先生手持一炷香,快步走进来,登上讲台去,向我们一鞠躬,轻声说:"我是燃香而来,望诸君努力。"

> 刘老师自作主张,要教初中娃娃古文字学。课本乃清代王筠著《字学蒙求》。这本书很薄。到此我才知道,有一部书《说文解字》,东汉许慎著的。刘老师说太深,娃娃读不懂(现代大学生都读不懂),所以只好读《字学蒙求》。那时我在班上算是小毛头,坐前面第二排,不敢不老老实实听课。这一听,竟觉得太有趣。原

流沙河为《白鱼解字(稿本)》题写的书名

来汉字就像一台机器,能拆解成零件二三。零件组装配搭各异,造出许多不相同的汉字,正如小孩玩拼凑七巧板。这本薄薄的蒙求书,是年暑假期间自学读完。从此播种心田,数十年萌芽,结了一枚瘿果《流沙河认字》,报答恩师的一炷香。"薪尽火传"这回说到自己身上来了。

流沙河在这篇自序中所说的《流沙河认字》,指二〇一〇年四月由北京的现代出版社印行的简体字排印本,此书后来又在香港的商务印书馆于二〇一一年六月印行了正体字即常说的繁体字排印本。为什么一定要印"稿本",流沙河在上录那篇自序中也有交代:是因为排印本"错讹不少","实在抱憾",只好"把手

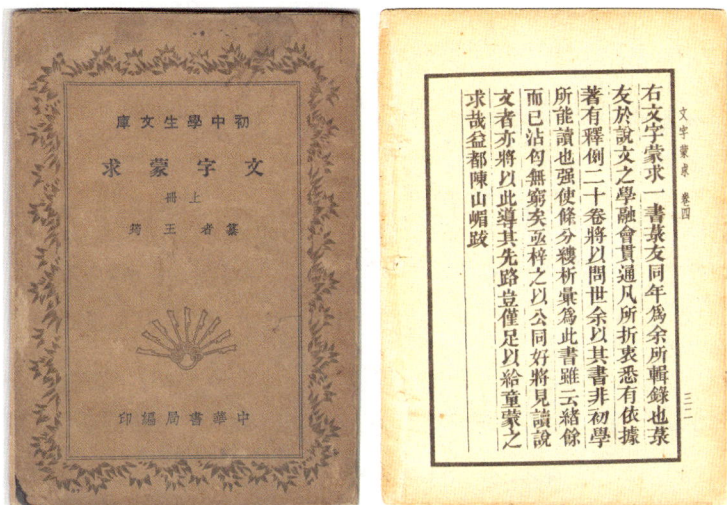

清文字学家王筠"纂"《文字蒙求》(中华书局一九四一年版)书影

稿原件拿去扫描,影印出版,以求无错讹,而减少遗憾"。为什么要改掉原先的《流沙河认字》的书名？流沙河说："至于书名,不好照旧,改成《白鱼解字》。"就在这个"稿本"短短的自序里,在排版印刷出书前录入时把"至于"错成了"到于",这是使用五笔输入法出现的键误选字差错,校对人员没有看出来给予改正,不知后来的多次重印这一处"到于"改成了"至于"没有。

　　厚达四百多页的《白鱼解字(稿本)》之自序中,前录片段两次提及的王筠《字学蒙求》,如果按《字学蒙求》这个书名去按图索骥找这本书,肯定是找不到的。这本当年"成都来的国文老师刘兰坡先生"给流沙河们"初中一期"那一班教"古文字学"使用的发蒙课本,准确的书名叫《文字蒙求》。我们幸运地弄到了一九四一年一月由中华书局据清刻本影印的这本书,分"上册"和

"下册"，不知道是否就是少年流沙河们上课使用的那一种。该书在年份上倒是完全吻合，应是刘兰坡老师使用的那一种，因为这是列入"初中学生文库"的图书之一，正好用来选作课堂上使用的教本。

这本"很薄"的《文字蒙求》，作者为王筠。此书最初的刻本于道光十八年即一八三八年雕刻印刷成书，距流沙河"上初中一期"的一九四四年上半年，已是近一百零六年前出版刷印的古老图书了。王筠是山东安丘人，《文字蒙求》并不是一本他自己从头至尾写就的书稿，而是由同好友人陈山嵋从王筠的《〈说文解字〉释例》二十卷本这一部大型著作中，选编一些较为通俗的字说条目加以分类编排成的。陈山嵋在《文字蒙求》卷尾的跋中有比较详细的交代，照录如下，标点是我补加的。

右《文字蒙求》一书，菉友同年为余所辑录也。菉友于《说文》之学融会贯通，凡所折衷悉有依据，著有《释例》二十卷，将以问世。余以其书非初学所能读也，强使条分缕析，汇为此书。虽云绪余而已，沾丐无穷矣。亟梓之以公同好，将见读《说文》者亦将以此导其先路，岂仅足以给童蒙之求哉！

短跋最末是署名"益都陈山嵋"，"益都"即成都的旧称。菉友，应该是王筠的字、号或别名。《文字蒙求》虽然当时是私人刻本，但在雕刻校对刷印程序上，还是中规中矩、有模有样的。我细细浏览了几遍，在整本书的行文叙说中或者极易被读者忽略的边款角落处，发现了担任该书"初校"的是王筠的"部友"即同事杨承注，担任"复校"的是"兴文朱良箴"，即四川省兴文县人朱良箴。至于雕版之前担任"选编"工作的人，前面已交代，就是成都的陈山嵋。陈山嵋，字、号或者别名就是雪堂。流沙河在《白鱼解字（稿本）》的《自序》中说的"汉字就像一台机器，能拆解成零件二三。零件组装配搭各异，造出许多不相同的汉字，正如小孩玩拼凑七巧板"，在王筠为《文字蒙求》写的序中找到了源头，就在该书卷首第一页开始一段，补加标点符号后抄录如下。

雪堂谓筠曰："人之不识字也，病于不能分。苟能分一字为数字，则点画必不可以增减，且易记而难忘矣。"

这已经是非常浅显易懂的文言文了，意思是：这本《文字蒙求》的选编者陈山嵋——即雪堂——同好告诉我，人们认错中国汉字、读错中国汉字，根源就在于对中国汉字的结构没有掌握；如果掌握了每个汉字的具体构造，写的时候笔画就不可能或多或少地写成错别字，念的时候也不可能忘记正确的读音而读错。应该说，《文字蒙求》这本薄薄的工具书，对于少年流沙河的影响真是巨大，他丰富而又极有趣味且成果累累的中国古汉字研究，万变不离其宗，就是把王筠在该书自序头几句话的告诫作为研究宗旨。

王筠的《文字蒙求》共分四卷，即如今的四个小单元，为"卷一　象形""卷二　指事""卷三　会意"和"卷四　形声"。这个分类,在一百八十多年后的今天,也还是没有什么太大的问题的,分得较为精确。

流沙河的汉字研究,已有多种著述公开出版,但至今尚未有专业人士对其来一个总览的考察和系统的评价。一般的看法,认为对汉字情有独钟的流沙河,在他的研究中常常冒出一些奇思妙想来解读汉字,认为流沙河对汉字结构的分析完全是另辟蹊径,提出了不少新见解。考察流沙河汉字研究方法,有人认为他走的是宋代王安石《字说》那类路子,对《说文解字》那一套学究气十足甚至有些迂腐的研究规范完全不予理睬。

我个人的看法是,流沙河的中国古汉字研究肯定有独特的贡献,他以丰富的博杂阅历和智慧的诗性解读把这门中国古汉字学引入了民间,其这方面的著作之畅销足证他在这个领域的影响力。我曾多次与流沙河当面商谈,怎么给他的中国古汉字学研究定性命名,他认可了我把他的这个写作研究定性为"中国古汉字科普工作"。但是,这个"科普"的要求也是很难达到的。我浏览了不少已经出版的中国古汉字研究专业的著述,整体说来,连哪个字究竟诞生于哪个年代、谁创造的这个字、这个字最早运用于哪本书刊等等常识,都还是一笔糊涂账,已经出版了的相关工具书也是模棱几可的叙说者多,真正落到实处的定论少之又少,怎么去弄更深层次的研究探讨呢?何况流沙河并不是这方面的专业学人,他从来也没有得到过文字学研究的所谓来自国家的基金赞助,他纯粹是义务奉献、加班劳作。

然而,流沙河对中国古汉字乃至于所有已成形的中国汉字,真是"情有独钟"。我亲眼多次见他与来访者交谈,总爱问对方姓什么：如果对方姓"陈"，他就会说"你这个'陈'是左包耳和东构成的，左包耳的意思是山坡"；如果对方姓"田"，他就会说"你这个'田'不是种田的田，三千五百年前就有这个甲骨文了，根本与农业无关，是打猎，就是四面包围、纵横搜索，是动词不是名词"。倘若有纸有笔，他马上就要把他的意思用图像或者字幅写给你看，详细讲解外加现场板书。

王筠的《文字蒙求》，给十多岁的少年流沙河播下了研究中国古汉字的种子，这种子在流沙河的晚年终于长成了一棵又一棵的大树，终于迎来了丰盛的收成。流沙河谦逊地称他这些收成，如大部头的《流沙河认字》，仅仅是"瘪果"。真希望中国古汉字研究界的专业人员，能有专人来细细考察流沙河的已经出版了的这些文字学著作，看看他的这些研究有没有具体新贡献：有哪些是"戏说"，有哪些是别人研究成果的引用，有哪些是基本通俗常识的转述，有哪些是言前人所未言进而推进了某个小领域的研究进度，等等，等等。当然，目前的社会，急于诉说者遍地都可见到，而耐心地倾听对方诉说的人几乎绝迹，急于向人展示自己的"重大成果"而毫无兴趣去细细欣赏别人的劳动成果的现象已经相当普遍，这也是无可奈何的实况。

题写"弘毅"

被流沙河在生命最后六整年反复查阅使用的三十二开"大字本"《新华字典》，是二〇一二年十月由商务印书馆在北京第三十一次印刷的十万册中的一册。在这部《新华字典》扉页贴有一个字条，如下页图。这字条上的"弘毅"不是手写在白纸上的字，而是一份印刷的报章刊头，其背面就是一篇文章的排字局部印件。

"弘毅"这两个毛笔字，稳重、匀称，庄严中透出秀雅。但这份《弘毅》印品究竟是一份什么单位的报章呢？

有幸找见一份这报章，而且还是"创刊号"，编为"总1号"，是四开本如同《参考消息》那么大小的一份内部报章，由"北京师范大学成都实验中学"主编，共四版：第一版为"综合新闻"，第二版和第三版为"校内新闻"，第四版为"洛曦文学"，也就是副刊，是还算中规中矩的一份报章。

这份内部报章为什么一定要请流沙河题写刊头？笼统地说是为了"名人效应"，自然也讲得过去。但具体到这份报章，真还有具体的内在因缘。

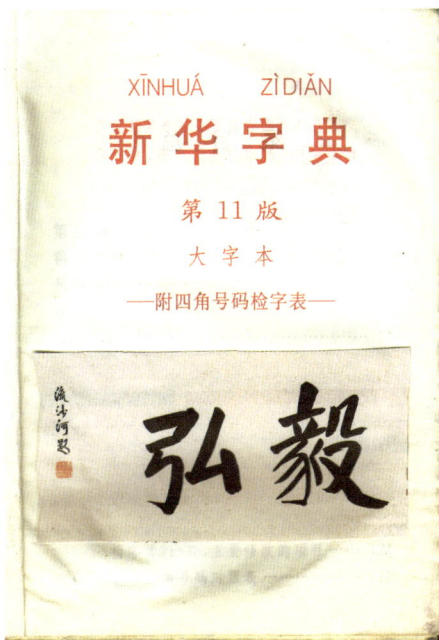

XĪNHUÁ ZÌDIǍN

新华字典

第 11 版

大字本

—附四角号码检字表—

弘毅

流沙河生命最后六年使用的大字本《新华字典》扉页上有他亲手贴的"弘毅"二字

据流沙河自己一九八一年七月二十四日在成都写定的《流沙河自传》中所述，他是"一九四七年春季离开老家，入四川省立成都中学（高中部）"的，到一九四九年秋季他完成高中学业，"以高中五期学历跳考四川大学农业化学系，以该系第一名的优良成绩被录取"。但是，虽然已经是四川大学学生，流沙河"入学后不去听课，只写东西，结交校外的文学青年。年底，喜迎成都解放"。也就是说，流沙河真正意义上的最后一所坐在教室里读过几年时间书的母校，并不是四川大学，而是"四川省立成都中学（高中部）"。

《弘毅学苑》报头

这个"四川省立成都中学（高中部）"，就是创办《弘毅学苑》内刊的"北京师范大学成都实验中学"的前身。《弘毅学苑》创刊号第四版在《校友飞鸿》栏目中重新发表了流沙河回忆他在"四川省立成都中学（高中部）"印象最深的一段记忆，生动具体，抄录供赏。

短暂的少年游一晃而过，该我到五世同堂街省立成都中学去看榜了。当年报考省成中高二十三班者上千人，榜上有名者不过七十几人。十几人中取一名，其难可知。我有把握，看榜不慌。入学校后，七十几人分成甲乙两班。到第三期，两个班压缩成一个班，成绩差的或留级或默退。默退者皆三科不及格，成绩通知单上注明"下期毋庸来校"，请你自便。残酷的淘汰制保证了学业的高水平，同时大大减轻了校方的管教工作。学生明白课程严峻，不敢恍分忽分，生怕默退。老师全力投入讲课，不必苦口婆心劝你努力求学，更不用做所谓思想工作。你不来上课，你自己负责。那是你的事，与老师何干。早晨操场拥挤，诵读课文。夜晚教室肃静,赶做习题。用不着校方管,学生自然勤奋,此乃无为而治。当时本校与石室、树德、成县中同列为四大名校。尤其可取者,本校最是自由主义。除了"新毛桃"必须帽服整齐,领章、皮带、绑腿半月之内不可或缺以外,余则听便,露头,长袍,便衫,短裤,拖鞋,皆可以的。蓄发不禁,不必像树德一样剃光头。吸烟亦行,但不能在课堂上吸。最惊人也最可取的是自由到了谢绝老师监考。此乃校园奇迹,大可骄傲。宜详述之,昭示来者。

期末考试,各级同学混合编座,使你坐在考场,前后左右一看,皆非同级,无从"交流"。若敢挟带作弊犯规,被同学发现了,当天轰你滚出校门。就算校长是你舅舅,他也保不住你。你爸爸是大官,同样无济于事,因为校方迫于全校学生压力,不敢不开除你。总之,考场犯规,你必完蛋。我这人太胆小,当"新毛桃"那学期的期末考试,置身考场之中,不敢左顾右盼,不敢抬头,怕被误会,吓得尿湿裤子。考场出口放置讲桌一张,试卷交到桌上,依次叠成一摞。只有本校杂役熊福山坐在桌后守护着试卷,盯紧卷叠,不盯学生。学生有强烈的荣誉感,老师都不来盯,熊杂役岂敢盯哉?学生交卷,步出考场以后,就不能再入场,更不能动试卷。否则犯规,等同作弊。那些考得好的,出场面有喜色。考得差的忐忑不安,愁眉苦脸。拿不稳的赶快翻书查看,或是请教他人。还有些极狠的,做完了不交卷,坐在那里再三检查，务必做到完满无憾，非吃百分不可。本校学生十之九是外县来的。成都市的学童多半家境优越，贪耍好玩，不能苦学，能考入本校的很少很少。外县学生多小地主小职员家庭出身，勤俭惯了，深知家长筹集学费维艰，若考试不及格，有何面目见堂上的双亲。更不用说考场作弊被开除了，那是终身羞耻，所以同学不敢作弊。不但不敢，还怕举止失当，被人疑为作弊自招大祸。此种心态，积若干年，形成校风。良好校风远播于外，反馈成学生的荣誉感，视监考为耻辱，乃自振作，互相监督，形成传统。这种极可贵的传统，一旦玉碎，再难黏合，任你美金百万，也琢造不出来。

回忆起来，我目睹的"作弊"仅有一次。惹大祸的同学姓杨，郫县人，和我同级，那天又被编座位于同一考场。上午考化学，五道题任择四题，每题二十五分，四道题做对了一百分。杨同学四道题做完了，本该交卷大吉。但他属于我在前面说的那类狠人，得陇望蜀，又细审第五题。也怪他平时学业太好了，这第五题显然也做得出。于是技痒难忍，就给做了。交卷之时，心中得意，自不必说。步出考场之后，忽然察觉第五题的答案有误。求的既然是气体的体积，就该是立方，而他错写成平方了。语云："福至心灵，祸来神昧。"杨同学只昧了半分钟，急返考场，展开考卷，改2为3，殊不知这样就犯规了。当时众目睽睽，满场惊诧，视为作弊，鼓噪起来。高班次同学义愤填膺，认为这是坏我优良校风。同级同学认为有损我班之荣誉，一个螺蛳臭了一锅汤，都恨他。各级同学喧哗，认为奇耻大辱必须当场湔雪，跑去围着他，痛加斥责。另一群同学去替他收拾行李被盖卷，然后集体面见校长，要求当天挂牌开除学籍，赶出校门。校长拗不过汹汹的舆情，只好俯顺。当天下午，杨同学提着行李，背着被盖卷，痛哭出校门，回郫县去了。此属错案，但是不开除也不行。不开除，游戏规则就难以维系下去了。斩一趾全一脚，事有不得已。虽然我同情杨同学。

应该说，《弘毅学苑》这份内刊报章的主事者，真还算得上是精通"名人效应"的，上录流沙河回忆他的"四川省立成都中学（高中部）"的精彩片段，被用于第四版副刊的压卷之显眼地位，在第一版头条位置的《创刊寄语》中又简明扼要地交代了流沙河题写"弘毅"二字的经过。查阅相关记载，再联系这则《创刊寄语》，流沙河题写"弘毅"二字的原委，也一清二楚了。

该所"北京师范大学成都实验中学"时任"附中刘校长"即《创刊寄语》的署名者刘增利等人，二〇〇八年九月十二日这一年中秋节前，他们来到流沙河当时居住的成都市大慈寺路三十号四川省文联宿舍，敲开"余宅"大门，给"著名校友"送来中秋月饼等"节礼"，顺便，不！其实应该说就是特意来向流沙河请求题字，流沙河听罢述说，立即转身进入书房，拿出毛笔，一挥而就，写了"弘毅"两个毛笔字。

刘增利等人也利索，赶紧组稿、写稿、编排、印刷，三个多月后，一份四个版面的校刊（估计是月报）《弘毅学苑》创刊问世。

为什么要把这份"内部刊物"取名为"弘毅学苑"？署名"刘增利"的《创刊寄语》也有说明。作为时任校长，刘增利"想到北师大成都实验中学六年发展的艰难"，感慨"天将降大任于是人也，必先苦其心志，劳其筋骨，饿其体肤，空乏其身……"，为了经得起"考验"，要做足磨炼意志的准备。刘校长进而记起曾子名言"士不可以不弘毅，任重而道远"，取其中"弘毅"二字嵌入校报，表达了"抱负远大，意志坚强"的胸怀和决心，"既是对这所百年老校文化精神的传承，也是对新校艰苦创业精神的写照"。紧接着，刘校长精神振奋，正气昂扬地在《创刊寄语》中高声呼吁："教育乃百年大计，学校乃育人圣地，我们会在'弘毅'精神的引领下携手前行！"

流沙河在生命最后六整年反复查阅使用的"大字本"《新华字典》的扉页，贴上自己的手迹剪切字条"弘毅"，也可以说有两方面的意义：一是老人家觉得这两个字写得还经得住看，用他常对我说的话就是此二字写得"稳当"；二是这个"弘毅"的含义随时能够激励自己在晚年体衰的状况下，仍然奋进，不忘一个文化人的使命。当然，这也只是我的臆测。

文学处女作

　　写于一九八一年七月二十四日的《流沙河自传》，收在次年十二月上海文艺出版社初版印行的《流沙河诗集》卷首，其中说："当时成都有一家进步的《西方日报》，报社里有好些地下党的同志在工作。一九四八年秋季我向该报投稿，报道校园生活，多次刊用。在该报副刊上发表了我的第一个短篇小说《折扣》，侧写一位老师的困苦生活。说来惭愧，构思借自二十年代女作家庐隐的一个短篇小说，只能算是摹拟之作。"查阅此旧报，这篇《折扣》仅六百八十个字符，署名"雪影"，刊于一九四八年十二月二十七日成都《西方日报》副刊《西苑》。该作品落款为"十二，二十一，于省立××中学"，"省立××中学"即《流沙河自传》里的"四川省立成都中学"，流沙河就读于该校高中部。《折扣》这件作品，流沙河有时也把它说成是"特写"，我们先来读原文。

　　　　这点钟是×老师的代数，上课号吹了好久，他还没有来。——因为这是本校的"规矩"，照例七四折"欢迎"。——教室内闹作一团，教室外的走廊上，挤满了晒太阳的同学,有些等得不耐烦,夹着书本往寝室去了。

走廊上晒太阳的同学,慢吞吞地溜进教室后,忽然门一开,一个老头儿神气地走了进来,教室里的闹声,也渐渐地消失下去。

他把教科书(不,简直像活页文选。)往桌上一抛,接着就咳一声,他咳一声,我们在练习簿上画一点。

他慢慢地坐下来,全教室的四周一看,再咳一声。然后取下眼镜,揩了一揩,翻开了书,又咳一声,这时已过了五分钟。

"这几天人不好,夜里咳得睡不着。"

"×老师,多打几回牙祭就好了。"

"×老师,猪肉才三元二一斤,相因了呀。"

"我没有你们那样有钱,吃不起肉,已经三月不知肉味了。"×老师无意地申辩着。

"薪水才发了呀! ×老师。"

"安乐寺的银元又涨了,×老师,你囤的银元也卖得了。"

……

"少说废话,讲书了,这学期要赶三分之二才行。"拍的一声,教鞭一扬,算是正式开始了,然而长针却又走了五分。

他摇一摇头,咳一声,捧着书,然后在黑板上写上半黑板的XYZ。字比酒杯还小,挤成一团,好像黑板上

《西方日报》副刊《西苑》初载流沙河以"雪影"
笔名发表的《折扣》

洒了一层石灰似的,弄得一些近视眼的同学,都跑到前面去看。他写好了,坐在凳上看学生抄,学生抄好了,又过去了五分钟。

"讲快点才行,要下课了。"×老师提醒了我们,果然,刚刚把黑板上写的念完,号音响了。

总计全课五十分钟,打个七四折,还剩三十五分,揩眼镜,翻书,出神,又去五分,闲谈五分,抄黑板十五分,只讲了十分,并且在我们的练习簿上,还有些数不清的黑点。

熟悉庐隐作品的读者都知道,流沙河所说他这作品的"构思"即结构，"摹拟"的就是庐隐初刊于一九二三年一月十日出版的第十四卷第一号《小说月报》上的《彷徨》，中间一大段八百四十个字符写头一次上讲堂授课的秋心之惊慌无措、觉得时间太慢等紧张心态。这个老旧的杂志不容易见到，过录相关段落，供读者对比欣赏。

　　"铛铛铛"一阵响，仿佛一阵枪声，心跳了！不觉默默地沉思："我作学生的时候，钟声怎么那种温和？这里的钟声怎么特别惨厉呢？"……"走吧！上堂了！"他听见一个同事对他这么讲，他跟着他们一齐走了，进了讲堂，四十多双眼睛，逼视的寒光，和电般激得他战栗了！只觉得头昏，眼花，心头扑扑地乱跳，学生站起来了，他的右脚迈上讲堂，两腿不觉也抖起来了，勉强镇静了，鞠了一个躬，学生都坐下了。静悄悄地，没有一点声音，他仿佛只听见心房跳动，扑扑地响声，无论怎么样，实在得开口了，他用力的说"诸君！……"气又急促起来了！歇了半天，才又接着说……"鄙人很感愉快得有这个好机会……和诸君一堂研究！……"他说着话，看见有两个学生，微微地笑了笑，他不知不觉脸红了，心里更觉慌忙，眼前黑漆漆地；一秒钟里，他的确失了感觉，他想他自己站在四十几个，冷冰冰地面孔的学生面前，好像孤身到了北冰洋，四面寒气紧逼着他，全身的血脉都凝固了！他的心冰冷了！但是还用力高声讲，继续着不竭声的讲，……看看表，下课还差二十分

十七八岁的流沙河"摹拟"的卢隐小说《彷徨》初刊于一九二三年一月十日出版的《小说月报》上

中学生时代的流沙河(左)与写《草木篇》时的流沙河(右)

呢！讲！努力的讲！声音抖战着；心弦紧张着，但是不能不作他应作的事："你们都明白了吗？"他问了一声，没有人答应，再问一声，有两三个人，微微点点头，他不由得，又焦灼，又心伤，他极力忍着泪说："你们对于教授上，有什么意见吗？有请你们说……我一定愿意采纳诸君的意见……"他诚恳的问。学生们只是微笑着，对面相望着，永没有人肯发言，他更心慌了！他想：莫非他们是取消极的抵抗法吗？……要想把他们的心，掀起来看看，但是不能，要想问他们："你们不满意我教吗？"咳！没有勇气，若果他们果真答应"是！"怎么处呢？等了半天，有一个学生说话了。他说："我们应当怎么去读书？"好大问题，我不能不对付他们，一件一件告诉他们，说了许多话，还不听见打下堂铃，咳！这一点钟怎么好像快到一年了！……挨了又挨，迟了又迟，赦罪的铃才响了,拍拍身上的白粉面,慌慌张张走下讲堂,无精打采回到屋子里,放下书,莫明其妙的辛酸味道,蹿上心头,咳!人生什么意思?耐不住流泪了!

细细对比着品读庐隐的《彷徨》所录片段和流沙河的《折扣》,可以发现流沙河仅仅"摹拟"了庐隐《彷徨》这篇小说中一个片段之整堂讲课时间和空间结构。但我们得承认十七八岁的流沙河,这时候他的文字功底真是了得,多么干净利索的叙述语言,多么层次分明的情节和入微的细部人物性格走向,同时读起来也很有一些清雅的文趣。

中国当代七大著名诗人之一的流沙河,他公开发表的处女作竟然是小说,文坛一奇!

发表《折扣》时署用了笔名"雪影",这是第一次公开在报刊上发表作品时正式使用。据流沙河自述,他的文章在学校的墙报上贴出时,早已使用过这个笔名。而且在粉碎"四人帮"后流沙河重新任职于成都《星星》诗歌月刊时段,我们已经发现《星星》诗刊还有多次署名"雪影"的诗作发表。究竟这些"雪影"是不是流沙河使用的老笔名,还要进行一番考察,尤其一定要找到对应的流沙河自己的手稿和他自己的相关述说,至少也得有着可靠当事人的多方硬性证据,才能最后确定。

笔　名

　　巨卷《中国现代文学作者笔名录》一九八八年十二月由湖南文艺出版社印行,编者是很认真的学者,但第五百七十七页"流沙河"条目却等于没有内容,照录如下。

　　流沙河(1931.11.11—　　)四川金堂人

　　原名:余勋坦。

　　卒年现在可以补入"2019.11.23",但"原名"余勋坦的这位"文学作者"除传世笔名"流沙河"外还用过哪些笔名呢?弄清楚这个小问题其作用倒是不小,比如编印出版《流沙河全集》、撰写详尽的《流沙河年谱》和《流沙河著译编目》就离不开这个小工程全面准确的成果。

　　流沙河一九五七年七月六日的私人记录:"今天下午近3点到宝鸡,……找旅馆……住下,填姓名是'刘绍和'。"这个"刘绍和"可视为流沙河的"曾用名"。曾用名不是笔名,下面说一说流沙河发表文章时用过的笔名。

从流沙河自述中得知他的传世笔名最初想用的并不是"流沙河",而是"流沙",后来因为发现已经有人用过这个笔名,于是增补一个"河"字成"流沙河"。那时他尚未读过《西游记》,不知道此"流沙河"是恶水之名。可参看本书后文《"笑读"章克标》中,引用的流沙河的一封书信中的述说。

　　上文所讲流沙河发现有人用过"流沙"这个笔名,这个"有人"是谁呢？使用某一个笔名,很难是唯一的,多人使用过同一个笔名,是中国现当代文学的常态。这个被流沙河放弃了的笔名"流沙",不是一九二六年在《沉钟》杂志上发表著译作品的"流沙",而是生于一九二一年、卒于二○一五年的陈瑞淇。陈瑞淇的父母是湖北蒲圻人,他自己出生于北京。已知这位陈瑞淇用"流沙"笔名从一九四二年到一九四九年在《战时文艺》《文艺先锋》《新文学》《文艺春秋》《诗创造》《文艺工作》等杂志上发表了一批新诗。但是很奇怪,很难查到已出版的该时段文学家辞典上有"流沙"这个传世笔名。只在一九九六年十月由北岳文艺出版社印行的十卷本《中国现代经典诗库》第十卷读到"流沙"的五首诗,写得颇具时代特色,语言功底也可以。除了"流沙",陈瑞淇还有一个笔名就是"蒲圻",可见他对原籍故里的怀念。查阅我的日记,陪流沙河去湖北十堰的一九九九年五月九日晚,在火车车厢中流沙河应我的请求,谈了他这个传世笔名的来由。我的日记上这样载道："谈到流沙河的传世笔名,他说'最初的笔名是流沙,后来读《七月》,发现上面有一个年纪大的流沙。人家先叫这个名字,我图省事,就加了一个河字。'"流沙河那时已年近七十,他凭印象如此讲,其实胡风编的《七月》上没有发表过署名

"流沙"的诗作品。

但"流沙"究竟最早用于发表流沙河的什么作品,却无人去调研,流沙河自己也没有具体释说过。查阅旧报刊,得见一九四九年八月十八日成都《建设日报》副刊《指向》载有署名"流沙"的短诗《渡》,三节共十一行。这个副刊的编者木斧就是我在四川文艺出版社工作时的老领导杨莘。我曾请教过杨老师,他确认流沙的诗歌《渡》是经他之手才发表的,而且"流沙"确属余勋坦当时投稿署用的笔名。

前面提到,就读于"四川省成都中学"高中部的流沙河曾以笔名"雪影"在当时的进步报纸《西方日报》的副刊《西苑》发表了他的第一个短篇小说《折扣》。

有趣的是,在流沙河参与编辑《星星》诗刊的时段,已经发现这家月刊一九八二年十一月、十二月和一九八三年十月均有署名"雪影"的多首新诗,或发表在"新星"栏,或干脆发表在"女作者之页"栏。这是一个笔名疑案,究竟另有"雪影"其人,还是流沙河这位编者在开玩笑地"制造笔名悬案",与以后的研究者做智力游戏?待考,只有找到流沙河这些署名的诗作手稿,才能下定论。

成都《草地》月刊一九五七年六月号发表过署名"绿芳"的《也谈〈有的人〉》。反右运动时四川省文联编印的《四川省文艺界大鸣大放大争集》第二百三十七页明确指出这个"绿芳"就是流沙河。这虽含有恶意揭发的用意,却落实了流沙河的另一个笔名。一九五七年七月三十日夜在批判流沙河的省文联会议上,杨树青发言:"你的笔名不只一个绿芳,还有呢?"当年的现场记录也坐实了"绿芳"即流沙河。参见《地上的河》笔记本第一百五十二页。

谭兴国生前自印的《〈草木篇〉事件的前前后后》第九十六页,揭示《星星》总第二期上的《我对着金丝雀观看了好久》是流沙河的诗作,这首诗署名"长风"。无疑地,这个"长风"再为流沙河笔名增加了一个。循此,一九五七年第六期《星星》发表的署名"长风"的《峡谷灯火(外一首)》自然也是流沙河的作品,一九八一年第六期《星星》发表的署名"长风"的新诗《榆钱》,当然也是流沙河的作品。容易让不熟悉流沙河笔名详况的读者迷糊的情况也多,如一九八七年第十二期《星星》诗歌月刊重发一组《星星三十年抒情短诗佳作选》同时收入署名"流沙河"和"长风"的作品,就该注明一下,这个"长风"就是流沙河。此《星星三十年抒情短诗佳作选》收入的署名"长风"的为《步步高升》,正是反右运动时饱受批判的流沙河诗作之一。

流沙河有一篇自述《我的交代》,虽然写于一九五七年八月,但基本史实还应该予以认定。其中写道:在《星星》总第四期上,"我化名陶任先发了《风向针》"。《风向针》是一首短诗,流沙河当时的自述当然是铁定的史实。更有趣的是,在"陶任先"之后流沙河加了一个括注"即'讨人嫌'的谐音"。这个"陶任先"的笔名,《星星》复刊后,流沙河以编辑的身份在该刊《诗歌服务台》写答读者问时还使用过,在文末用括注另行印出"解答者:陶任先"。

供职《星星》复刊后的时段,流沙河除了用传世笔名发表大量文章,也用新的笔名在《星星》上陆续发表了不少东西。已经查证了的,比如用"张弛"的笔名发表《听流沙河讲诗》,就是明显一例。署名"张弛"的《听流沙河讲诗》,虚拟"对话人"三个,即"小孙""大钱"和"老赵",开头的介绍"对话人"便是流沙河的典型文风:"小孙:初学写作者 大钱:'吹毛求疵'者 老赵:'不偏不倚'者。"再细读全文,尤其对流沙河作品短项的放肆评说,既生动准确又入木三分"骂亦精",非流沙河自己无人可以写出。

在《星星》复刊后,署名"沈美兰"的对"台岛女诗人"新诗等作品的赏析短文都是出自流沙河之手。"沈美兰"者,即"欣赏这些美好诗歌的,是一个男人"。四川方言中,"男"和"兰"是一个读音,因为四川方言中的鼻音、边音没有严格的区别。

流沙河的笔名还有哪些,随着研究的深入,将会有新的增补。可以断定,上述八个绝不会是流沙河使用过的全部笔名。比如,我因为工作需要曾阅读幸存的流沙河私人记录,在一九七二年九月十二日这一天读到他写下的"我从前用笔名也姓过林",就是一个线索,也又多出一个笔名。但是,确定这一个"姓过林"的"笔名"要付出的劳动量会有多大,真是无法预测。

西戎慧眼识河

　　名牌老杂志双月刊《随笔》二〇一二年第六期（总第二百〇三期）发表了一篇题为《流沙河与山西》的文章，该文作者是写作高手。但这篇文章全文引录的流沙河的一封书信，不知什么原因，信末删去了时间，让读者觉得此信的写作与文中叙说的"1988年年底"那时"山西省作协换届"在同一时段。其实，这一封信不是一九八八年年底写的。

　　这篇《流沙河与山西》写道：

　　　　1988年年底，西戎遭遇了人生一次重磅打击。

　　　　这年山西省作协换届。省委领导上门谈话，劝慰西戎连任主席。山西一茬青年作家也纷纷拜师，表示拥护老主席连任。西戎自以为连任应该没有问题，一直到投票前，依然稳坐钓鱼台安然自得。不料一经投票，风云变色。原来省委谈话，青年作家表态，都是缓兵之计，暗地里早已酝酿好了人选，只等待投票时亮底一锤子定音。一批青年作家阵前倒戈，西戎落选。

流沙河与西戎一九八五年一月在北京合影

　　跳过两个自然段的山西省作代会选该省作协副主席的介绍后，文章便是"流沙河得到消息，生怕自己的恩师想不开，连忙来信安慰"，再下即抄录删去写作时间和错漏了六七处的流沙河全信。找到这封抄录的流沙河书信手迹，就影印在二〇一二年十一月山西人民出版社印行的《西戎图传》第一百二十一页，占了一个整页，写作时间本来明明白白地写着的"一九九一年七月二十一日"，是一九八八年年底"山西省作协换届"近三年之后的事了。

　　西戎吾师：

　　　　昨日唐正学同志冒酷暑来舍下面交大札，并述及吾师近况以及落选一事。知吾师光明心境被人戏弄，古人所谓君子可欺也，愤懑难平，谨具函慰问，并陈说一二。

吾师淡薄名利，前在川，后在晋，奖掖青年文士，多方照顾引导，人所共睹，尤予所不忘者也。无论为党为文，堪称无悔无愧。自吾师离川文联，迄今四十年，阅人多矣，未见过如吾师者。一心与人为善，毫不计较爵禄，并文名亦淡然视之，不企不求，乐天以自处，予仰慕而终不及也。清流浊流，各有去向，文坛自古如是。受排挤何尝不是划清界限，于吾师是得也，非失也。何不趁此优哉游哉，写些回忆文字，垂仪来者。所谓作协工作，以予浅见，实与文运兴衰无涉，不做也可。挂冠而去，不须怅怀，此予为吾师贺也。

光阴荏苒，予已两见羊年辛未，即将退矣。五月底省作代会，知其太浊，予未参加。闻悉会上拉票抢权丑态百出，推翻党组书记又似文革夺权再版，尚有半分文人气息耶。彼辈以棍子旧技加商品新招，太不像话，予惟远避之而已。硬选予副主席，亦不去凑热闹，日日闭门读书自娱。济世宏愿早已破灭，退而求洁身自保。小女余蝉居港已四年多。何洁准备迁去（所以已协议离婚）。小儿余鲲做工人已二年兼照顾我。心境恬淡，老友数人喝茶。　恭叩

伏安

流沙河顿首

一九九一年七月二十一日

分析流沙河这封书信正文开头一句，得知西戎其实就是为了确保从太原来成都的唐正学能顺利见到流沙河，才临时写信"述及"自己的"近况"以及近三年前他山西省作协主席"落选一事"让其携信"面交"受信者的。查流沙河一九九一年的私人记录，七月二十日载曰："下午傅吉石及其《四川工人日报》领导人引《工人日报》山西记者站持西戎介绍信名唐正学（峨边人）来访。知西戎安康，省作协大会被焦祖尧等人运动选举弄下台，遂闲置。"

事过境迁，我这个局外人来审视，无论西戎还是流沙河都把一九八八年年底山西省作协主席换届导致西戎不再担任主席一职的事"严重化"了，其实那属于山西省作协领导新老交替换班的惯例行为。西戎自一九七八年五月起，到他六十六岁时的一九八八年十一月，一直担任山西省作协主席，一九八〇年四月已经连任一届，他的本意是想继续连任第三个五年，所云"被焦祖尧等人运动选举弄下台，遂闲置"仅仅是西戎的心态或流沙河的过度分析而已，事实究竟如何，没有弄清的必要，新人取代老人，很正常的人类生活形式。

接待唐正学次日，流沙河写的长信也是出于人之常情，倾情安抚老领导西戎前辈，他没在这天的私人记录上载录给西戎写信这一件事。所幸的是，得以见到西戎读了上录流沙河一九九一年七月二十一日信，于二十六日收信后给流沙河写的回信，这是重要的有来信有回复的一手文献史料，不做任何改动订正，按书信手迹照录如下。

流沙河同志：

　　您好。接读来信，说不出是一种什么心情。看来你还是我心目中的老样子：对事业严谨，对生活淡泊，对朋友诚挚。你一点儿也未变。

　　谢谢你的开导关怀。不愉快的事，早已从心头抹去。山西作代会虽然使我意外，但我并不为此而烦恼。我也乐于让年轻人上来挑此重担。目前我的处境很好，无忧无虑，除参加一些非参加不可的社会活动（省人大两月一次立法例会），大量时间闭门读书，有时仍免不了有人送稿求教，我当然不会拒绝。我生性喜静，全国作协组织赴外地参观，我无多少兴趣。待明年省人大换届选举，即退下来办理离休。从一个放牛娃而到作家，知足者常乐，我以为此生足矣！

　　对你，我时时都在挂念：身体不好，家庭亦不美满，所幸这一切并未影响你在事业上的执着追求，你终于获得了成功，在中国文坛上，留下了一串闪光的足迹，令我欣慰。

　　你还年轻，文学的功底比我深厚，望能再接再励，拿出新成果。妻子离去以后，望能善自珍摄！

　　我在 1989 年写过一篇散文，抒发了我的一些隐在心底的复杂感情。影印一份，寄你一读。

　　谨颂

撰安

　　　　　　　　　　　　　　　　　　西戎

　　　　　　　　　　　　　　七月廿六日

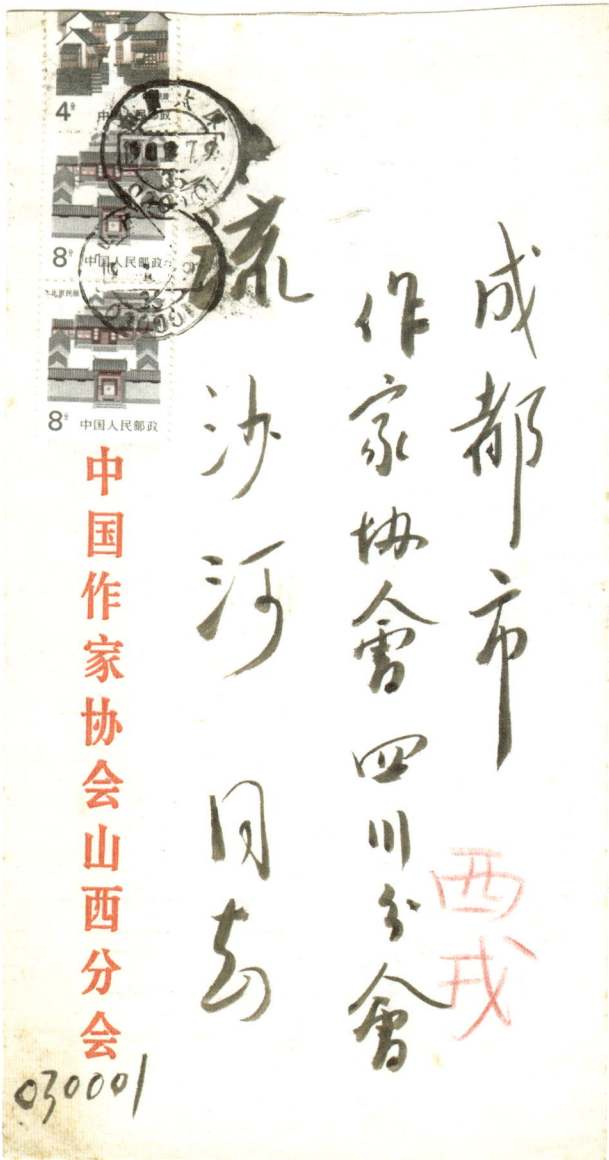

成都市
作家协會四川分會
流沙河 同志

西戎

中国作家协会山西分会
030001

西戎致流沙河书信的信封

套用西戎这封回信中的一些话，也可以一样地评说他对流沙河的关心"还是"三十多年前流沙河"心目中的老样子"。流沙河一九八六年十二月下旬写过一篇比较长的《西戎印象记》，最初发表于次年的《青年作家》，收入一九九五年一月群众出版社印行的单行本《南窗笑笑录》，该文有九千字，在流沙河已有的单篇文章中，算最长的了。这篇文章，详尽地记述了西戎发现他、带领他和保护他的整个过程。这里，我们只介绍西戎是怎样发现流沙河的。没读过这篇文章的读者，或许会惊讶：原来流沙河这位非常优雅的学者和诗人最早被发现，还是延安来的解放区进步作家西戎的功劳。

一九五〇年七月至九月初，十九岁的流沙河先在金堂县淮口镇女子小学，不久又去淮口镇黄家场长梁子乡村小学教书。在这不满两个月的小学教师生涯中，流沙河向《川西日报》副刊投稿三篇，有诗有小说有曲艺，都被采用了。副刊组的组长西戎决定调流沙河到报社来做编辑工作。他叫编发流沙河三篇文章的编辑萧青以他的名义写封信，问流沙河"愿意不愿意到报社来参加工作"。正做着"作家"美梦的流沙河在邮局取到这封信的时间是一九五〇年九月三日上午，"快乐如猴"地立即向淮口镇文教局负责人"请求准许辞职，放我到成都去'参加革命'"。负责人也干脆，"站在街心阅过来函，当场爽快同意"流沙河辞去小学教师职务。次日流沙河就从淮口赶回金堂县城，夜宿老家。九月五日清早，流沙河于慈母"衣袖擦泪"的感人场面中走出家门。他没有带任何行李，只肩挎一个母亲缝的黄布书包，里面装着他视为"命根子"的"1948年以来的已刊作品剪报"和一本私人记录本。当时，金堂县城到成都没有客车，流沙河步行七小时，于这天下午一点零五分就到了成都北门，再找到《川西日报》编辑部。当西戎确定来的这个青年就是流沙河时，他"吃惊，嗨一声，辗然舒眉笑了"。因为，当让女编辑萧青以西戎的名义发走给流沙河的"调令"后，西戎有些后怕，见到流沙河时他坦诚地说："调你来工作的那封信，萧青写的，寄出去后，我才想起你的稿子都是毛笔小楷。我猜测流沙河是一个五六十岁的老头子，老头子的历史可能复杂。糟了，我真后悔。现在好了，看见你了。嗨，你是这个样子！"西戎生于一九二二年十二月初，只比流沙河大九岁，这年也才二十八岁，是个大青年。流沙河呢，十九岁，是个小青年。这一回，连小青年流沙河在当时也觉得"'参加革命'居然这样容易，从此我是《川西日报》的干部了"。

我在以前怎么也想不到，对传统文化、传统学问热爱了一辈子的优雅、精致的文人兼诗人流沙河，发现他并且"提拔"他的竟然是解放区文学发源地延安来的穷苦农民出身的作家西戎。西戎当年以与马烽合写的通俗小说《吕梁英雄传》名满中国。二〇〇一年一月六日西戎七十九岁那一年因病医治无效在太原去世，流沙河得知噩耗后以"弟子"的身份书写一联吊唁：

蜀中晋中一片热心携后辈

雪里风里两行寒泪哭先生

唁联的落款最初是"西戎我师安息"，后又改成"西戎恩师长

蜀中晋中一片热心携后辈

风里雪里两行清泪哭先生

流沙河悼念西戎去世的挽联初稿

眠"，寄托了他自己的"哀挽"真是赤情一腔。

西戎在一九八七年《青年作家》上细品了流沙河长文《西戎印象记》后，有这样的感受："而今，流沙河年近半百，已是名噪文坛的大诗人。我们相处的那些日子，他依然能牢记不忘，写出如此感情真挚的散文，足见其情谊深厚了。他的诗集获奖出版，寄我一册，扉页上题'西戎吾师一笑'，谦甚。……他是我一九四九年随军入川后，一九五〇年在成都结识的第一位有才、有德的文学青年。"

再联系西戎一九九一年七月二十六日给流沙河写回信时对

流沙河的赞扬，这位以"解放区作家"闻名的中共省级文艺主要领导人西戎，真还是一位赏识文学新秀和典雅文化人才的高手，而且他的赞扬的话还一定要亲手写出来公之于世。

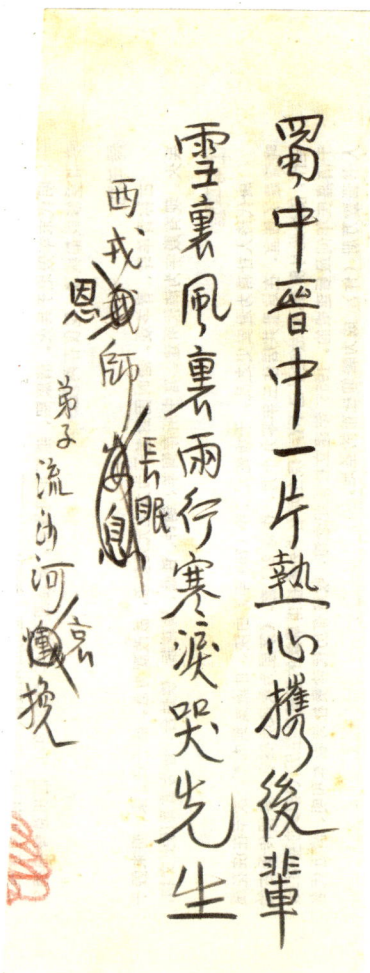

流沙河悼念西戎去世的挽联改稿

一九五八年一诗

　　截至如今,仅仅以中等规模编印后公开出版的诗选性质的
《流沙河诗集》和《流沙河诗存》,前者一九八二年十二月由上海
文艺出版社印行,后者二〇一九年五月由四川人民出版社印行,
都类似编年性质。两部诗选都是在选了一九五七年六月二十日
写的《宝鸡旅次题壁》后,跳过了七年多时间,紧接着再选一九六
四年写的《寻访》。中间六七年时间中,二十五六至三十二三岁
正值诗情年华的流沙河真就没有写过或发表过一首原创新诗
吗?经过一番文献史料的细心查核,答案是写过。

　　读到一九九四年三月二十三日《凉山日报》第三版即该报副
刊《彝海》头条文章《但闻伐木声——学习流沙河先生赠诗有
感》。但这首被引用的短诗究竟有多少行,有点拿不准,文中引
诗断句似乎有不太准确的。读过这篇文章后就知道,流沙河是
应一名四个字姓名的彝族诗作者来信索要字幅,才用毛笔大字
在宣纸上楷书了这首诗的。先照样抄录这首公开发表在《凉山
日报》上的流沙河短诗,原斜线直接改为分行,仍然每行不补加
标点符号。

　　　　山一程水一程

　　　　危峡十里听涛音

　　　　小桥独木横南岭

　　　　阴北岭晴空谷幽

　　　　不见人但闻伐木声

　　　　一九五八年在大邑县陈家岩炼铁作三十六年之后

书此

　　　　以应　　　　先生

　　　　　　　　　　　　流沙河

　　在《凉山日报》所刊一文中全文抄录的上录流沙河此诗，"阴
北岭晴空谷幽"后有一个冒号。多读几遍这诗，就知道这个冒号
其实是表示重复字符的两短竖，是"幽幽"的省写，书法字幅常见
这种省写范式。即便把"幽"及其后的冒号还原为"幽幽"，这引
用于文中的全诗，仍然感觉有不通的诗行。文本研究有一个原
则，一定要设法找到作者手稿。然而，假如我们设法与该文作者
联系后见到了这幅流沙河字幅，也依然是没有标点符号的。试
着重新据字词句的意思走向，分行重抄如下，有两行我试在诗行
中加了逗号，再分为两节。

　　　　山一程，水一程

　　　　危峡十里听涛音

　　　　小桥独木横

南岭阴,北岭晴

空谷幽幽不见人

但闻伐木声

　　流沙河在字幅落款处只写了"一九五八年在大邑县陈家岩炼铁作",具体月日没有写。查流沙河自己工楷书写的一份十七页《流沙河简历》,一九五八年那一年有:"10月到大邑县和崇庆县山中炼铁。年底返回。"按照这个提示,我在文献史料堆中顺利地找出了这首无题诗书法字幅的头两稿,第一稿写于一九五八年十月八日,有十三行,题为《寒雨秋风》,依定稿全录如下。

寒雨秋风洗战旗,

十里涛声送我行。

山一程,水一程,

十里涛声伴我行。

空谷听鸟音,

深山空谷不见人,

但听伐木声。

南山阴,北山晴,

十里空山不见人。

莫愁茅棚无烛火,

自有流萤挂绿灯。

采薇作瓦薪作门，

荒山茅棚梦香沉。

这个用铅笔写在小本本上一气呵成的诗，还来不及字句锤炼，但那个年代的风貌已跃然纸上了。两天后，流沙河十月十日把前天写的十三行诗分为两节的诗浓缩成六行，如下。

山一程，水一程，

淙淙危峡听涛音，

独木桥儿横。

南岭阴，北岭晴，

幽幽深谷不见山，

但闻伐木声。

因为要核实《凉山日报》一文中全文公开抄录的一首流沙河的短诗，竟然饱赏了这六行短诗的初貌原来是十三行，到了第二稿已浓缩成六行，三个文本各有其美。三十六年之后，流沙河亲手用毛笔书写给凉山诗作者，或许他也想告诉世人，在他离开《星星》之后依然在写诗。三次文本的诗中都有一行"但听伐木声"，如今的年轻读者可能会不太明白。我的理解，因为响应政府号召"大炼钢铁"，炼钢铁要烧柴，当然要"只听得砍树木的声音"。这儿的"但"不是转折词"但是"的缩写，是表示对动作行为范围限制的副词，意思相当于"只"和"仅仅"。

此外，已托熟悉凉山的同行友人帮忙联系《但闻伐木声——

学习流沙河先生赠诗有感》的作者讨要这字幅的手迹图片，倘若如愿，我们又可以多一件流沙河的墨宝，而且是他自己一九五八年间原创新诗的毛笔楷书誊清稿。这位作者也是一个诗作者，他这文章最后是二十五行分为五节的原创诗作，可惜原创诗作每节末分别依次引用的流沙河无题短诗，也仍有断句不当的诗行。

编《三江文艺》

　　流沙河在一九九八年十月十三日的私人记录中总结道："二十年来最深记忆有三，一是文化馆一年工作，一是八〇年秋北戴河尧山壁之邀，一是作代会。"第二件事，是河北省作家协会的文学活动组织者尧山壁邀请流沙河这个唯一的外省作家参加他们本省作家在北戴河举办的文学活动。第三件事，是流沙河作为全国作家代表之一隆重出席"文革"后举办的全国第四次作家代表大会。按时序排列第一的"文化馆一年工作"，作为金堂本县稍有阅历的文学工作者或读者，自然应该都隐约知道是怎么回事。但是，要说得清楚些，还得来一番查考。

　　幸存的流沙河私人记录手稿本，恰巧有相关载录，正可以过录供赏。

　　一九七八年十二月二十日的私人记录中写道："今天下午被正式通知，明日下午2点去县上报到，工作单位是县文化馆，工资是二十二级。"次日的私人记录又写道，午后"去赵镇，到统战部，被通知安排在文化馆工作，22级。然后去文教局办手续，领得表格一份"。再过一天，二十二日的私人记录较详细，涉及"工作"

者有：“昨夜填表写自传，直到鸡叫头道，才去睡了”，早饭后“去赵镇，又去文教局交表格、办手续，又去统战部办手续，然后去文化馆报到”。

翻过阳历又一年，一九七九年一月四日的私人记录中，流沙河写道，“去年12月24日早晨”他“乘公共汽车告别城厢镇来到县上，报了到，住在东风旅馆”，“工作尚未正式安排”。也就是说，流沙河一九七八年十二月二十四日正式到了金堂县城，然而具体在文化馆从事什么工作，尚无明确的安排。

见到一九七九年四月三十日流沙河写给未曾谋面的成都文友贺星寒的书信手迹，在最末一段有“我目前工作颇忙。这里的同志关系好处”的叙说，联系田永安《我与沙河老师的三次见面》一文开始部分的回忆，可以推测出金堂县文化馆决定让流沙河编“铅印定期刊”季刊《三江文艺》，就在一九七九年头两个月。田永安的《我与沙河老师的三次见面》发表于金堂县文化馆主办的《迎春花开》二〇二一年春季号上，此文开始头三段写及一九七九年四月流沙河主持的“《三江文艺》的约稿会”的情况，相当真实地复原了流沙河着手编“铅印定期刊”季刊《三江文艺》的工作现场，不仅颇具正规文艺刊物的开办气氛，而且中规中矩地讲究程序。

这次金堂县文化馆“铅印定期刊”季刊“《三江文艺》的约稿会”在赵镇梅林公园内举行，当时县文化馆就设在梅林公园，流沙河也住在这里。“约稿会”的会场在一个大会议室，“偌大一个房间内安放着一张乒乓球桌”，备有开水和报名册，凡有与会者光临，流沙河就“赶紧起身”为来人“让座并端来开水”，“之后又

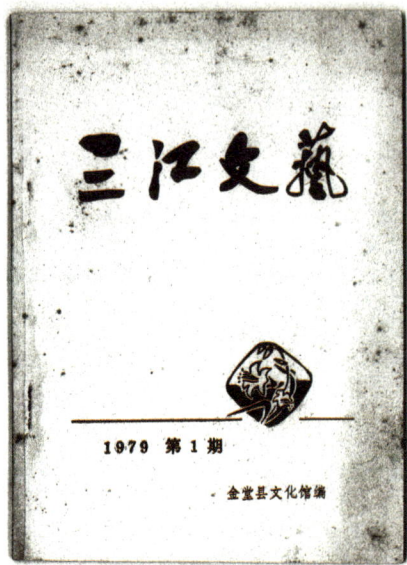

流沙河主编的《三江文艺》一九七九年第一期封面

在报名册上"予以登记。实为"铅印定期刊"季刊《三江文艺》执行主编的流沙河充当了这次"约稿会"的唯一的接待人员,给人的印象是"谦逊、拘谨,身上没有一点名人的架子"。

　　田永安的文章,稍后还写他"第二天清晨"于金堂县文化馆当年所在地的赵镇梅林公园见到"晨练"的流沙河的样子,"长裤单衫、细臂细腿、跨着大步",一个矫健活泼、开朗愉悦的身姿,与流沙河写给贺星寒信中所说"这里的同志关系好处"完全一致。

　　流沙河一九七九年十二月十四日的私人记录有一大段写及《三江文艺》,照录如下:"上午处理完了堆下的《三江文艺》的稿件,可用的与不用的分别放回我原用的办公桌的抽屉中。至此,在《三江文艺》经我手出了两本以后,我与该刊之关系遂告结束了。"从这个"现场记录"来看,《三江文艺》到一九七九年的年底,说是季刊,其实只由流沙河编定印出"两本",已经找见的"改版为铅印定期刊"一九七九年第一期《三江文艺》封面上的刊名为颇具书法功底的毛笔墨书手迹,四个字成熟老到、字字平稳,从"三"字笔画排列来判断,应该是一位练过多年书法的高人所写,但可以确定不是流沙河的字。而且整本刊物也没有"流沙河"的留名痕迹,无论是"主编""执行主编"还是"编"等,他都没有署名。在卷末封三有一页《改版征稿启事》,署名也是"金堂县文化馆《三江文艺》编辑组"。

这本"改版"后的"铅印定期刊",正文共六十四页,但最后六页仍然是蜡纸钢板刻写了的手动滚筒油印的文件,由十六开折叠为三十二开本,再统一编码装订。这是三首歌曲,因附有简谱,估计当年印刷厂排不出曲谱。没有找到"改版"前的《三江文艺》,希望知情者予以介绍,能提供实物更佳。流沙河编的这本一九七九年第一期《三江文艺》,其中的"金钱板"《再借芭蕉扇》写于一九七九年三月二十九日,足见印出来至少也是这年四月上旬了。是不是印出了这年头一期《三江文艺》,流沙河决定召开以后各期的"约稿会",与会者大多是头一期刊物的投稿者,前引田永安的文章没有交代。

当年金堂县文化馆所在地的赵镇梅林公园,是流沙河任职《三江文艺》编辑工作和居住一整年的地方,在这儿流沙河不仅亲手编定两期《三江文艺》且印刷成册发行,他还亲自组织召开约稿会、亲自接待与会者,希望有更多更详尽的回忆文章写出来发表。流沙河在赵镇梅林公园编辑《三江文艺》,肯定为约稿、改稿和其他编辑事务写了不少书信，希望保存至今的能提供给流沙河文化陈列馆文案组，以便进一步研究。

更让流沙河故里金堂人自豪的，是在金堂县文化馆当年所在地赵镇梅林公园工作、生活的一年中，流沙河为中国新时期的诗坛奉献了好多首传遍大江南北的新诗作品，有一些诗的后面都写着诸如"1979年暮春在故乡的沱江北岸""1979年6月在故乡的文化馆""1979年伏夏于沱江之阳""1979年仲秋改稿于沱江之阳"等等，这些诗篇中就有发表于一九七九年七月四日《人民日报》上的《梅花恋》。这首纪念朱德总司令的著名诗篇《梅花恋》，让金堂县赵镇梅林公园，因为有了流沙河的激情书写，成为世界著名公园之一，说是"世界诗园"之一也不过分。

也因此，作为流沙河故里"流沙河文化研究项目"的核心成员，我在这里郑重建议，将"流沙河文化陈列馆"或干脆就叫"流沙河纪念馆"建于此公园当年流沙河生活、工作了一整年的原金堂县文化馆旧址上，使之有根有据地成为人类诗歌乃至人类高雅文化的圣地之一。

《梅花恋》考实

　　北京的《人民日报》一九七九年七月四日第六版《战地》副刊第二百三十二期,在右上方显著位置发表了流沙河新诗《梅花恋》,诗作后面没有写作的时间和地点。初次编入上海文艺出版社一九八二年十二月印行的第一版《流沙河诗集》时,该诗末尾补上了写作的时间和地点"1979年暮春在故乡的沱江北岸"。虽然这个写作时间"暮春"有点儿模糊,但可以据此推出一个更为接近准确的时间段。查年历,一九七九年立春是公历二月四日、立夏是五月六日,中国传统四季所说的"春天"便是这三个月:头一个月叫"初春",第二个月叫"仲春",最后一个月就是"暮春"。大致匡算,流沙河《梅花恋》就写于这年的四月中下旬,可能更近于下旬。用一个相对稳定的约数,《梅花恋》"写于一九七九年五一节前后"。

　　这是一首以叙事为主的抒情诗,诗中所抒写的主人从头至尾没有提及姓名,但因为有史沫特莱"给他写传""宽肩挑过一根有名的扁担""柏林遇周恩来,南昌旗展"和"井冈会毛泽东,星火燎原"等著名史实细节坐实性质的指向,读者一读就知道是写

"朱总司令"。全诗共二十节,每节是整齐的十二三字的诗句四行,而且一韵到底,这类诗体一般被称为"格律体"。从作品第三节头一行"二十年前,大雪飘飘的一天"可推知在写这首诗之前,流沙河曾走访被朱德的警卫员借用过竹制折椅的老篾工伍永明大爷。硬硬地抠算,从一九七九年倒推,"二十年前"应该是一九五九年"暮春"。我们去查阅一九八六年十二月人民出版社印行的一卷本《朱德年谱》和中央文献出版社二〇〇六年十一月印行的三卷本《朱德年谱(新编本)》,在这一年头几个月的登录中都没有找到朱德到过四川的记载。

伍永明的竹器小店铺,应该就在离梅林公园大门口不远的街道。伍永明制作的竹制折椅由警卫员借去让朱德在公园内赏梅时坐过这件事,他肯定在对流沙河讲过的前后,也给不少前来询问此事的人讲过。二〇〇四年八月有一天的《成都日报》就发表过一文报道这事,大意是:据伍永明大爷回忆,上个世纪五十年代末朱德到金堂梅林公园赏花,走累了一时找不到凳子休息,朱德的随行人员听说附近一家竹器店老板伍永明善做竹椅,便想买一把。听说是朱总司令需要,伍永明送给来人一张。因为流沙河采访伍永明时得知,朱德坐了后离开时又把竹椅还给伍永明,所以诗中写的就是"警卫员借一张折椅尾随追赶"。事后回忆,总与真实有一些距离。根据流沙河诗中所写,应该是朱德一进公园,随行人员们,不光警卫员,大多会同时想到七十岁高龄的朱德在公园走久了要坐下来休息这个常识,才让警卫员赶紧准备去"借"一把椅子"尾随追赶"的。

流沙河后来将《梅花恋》收入《流沙河诗集》时补入的写作时

间应该可以相信,因为发表时间可以有力地佐证。但朱德这次到金堂梅林公园赏梅的时间就无法再用"二十年前,大雪飘飘的一天"来硬性返回去推算。流沙河在金堂县文化馆工作一年的时间是一九七九年,那一年县文化馆就设在梅林公园内,流沙河采访伍永明探听朱德"二十年前"赏梅"借一张折椅"的事,也可以成立。前面说过,《朱德年谱》和《朱德年谱(新编本)》在一九五九年春天,都没有登录朱德回四川并抽空前往金堂梅林公园赏梅的事迹。好在如今资讯发达,在计算机里搜索一栏输入关键词,网上的相关文章虽各种说法不完全一致,但还是可以大体弄明白流沙河《梅花恋》所抒写的中心事件的一些细节。

原来是一九五七年春,作为党和国家主要领导人之一的朱德,在中华人民共和国成立后,第一次回家乡四川视察工作。根据《朱德年谱》和《朱德年谱(新编本)》,撮录其中相关的文字,整理出朱德这回的四川行踪简表。

二月二十五日,抵达四川省成都市。

二月二十七日,听取中共四川省委第一书记李井泉等人汇报工作并作指示。

二月二十八日至三月四日,分别听取廖志高等人汇报工作。

三月五日,听取汇报并视察八一农场。

三月七日,听取汇报。

三月八日,为四川省各民主党派人士讲话。

三月八日至十一日,视察。

三月十二日,视察绵阳。

三月十三日,继续视察绵阳后,返回成都市。

三月十七日,飞抵重庆。

根据一些回忆,得知就在三月十三日这一天,在李井泉、李大章、廖志高等时任四川省委主要领导陪同下,视察完绵阳后返回成都市途中路经金堂县赵镇时,朱德一生第三次也是生前最后一次走进梅林公园。这也就是流沙河《梅花恋》浓墨重彩抒写的主要事件。

金堂县赵镇的梅林公园,是一个至今已有近三百年的老公园。它初建于公元一七二六年,时为雍正四年。因为园内梅花多,老百姓习惯称之为"梅林公园"。但民国年间,有一段时间被命名为"横渚公园"。"横渚公园"雅确实雅,但"渚"是什么意思、读啥音,即便读书人估计大多也得查字典。查了字典方知:"渚",不读半边字的音"者",要读 zhǔ,意思是"水中间的小块陆地"。流沙河《梅花恋》一开始头一节第二行就有"绿波回环三面,半岛临深潭"的交代,真是如描如绘!但"横渚公园"这个雅名没有传开,人们还是乐意以清代末年的老名字称呼它为"梅林公园"。该"梅林公园"位于毗河、中河和北河这三江汇流处,只能算一个环境优美的半岛上的小型公园。原来弄不明白流沙河一九七九年在金堂县创办铅印版刊物何以取名《三江文艺》,待我们一行去实地踏勘了梅林公园并查阅了一些材料终于也弄清楚了。

外地的读者,要完全彻底地读明白流沙河的诗作《梅花恋》,

不实地到梅林公园走一走,就领会不到诗人抒写现实的本领多么高明。我粗粗数了一下,全诗八十行,至少十五六行都是实写梅林公园本身和四围景色的,优美生动还贴合现存环境,如"对面坐一排葱翠的红土低山"之类的妙句诗行,简直让你在赏景后再读就终生难忘。

我们一行去梅林公园勘察时,一座高大水泥桥正在被拆除。真希望这里能恢复历史上的那一处繁忙水运码头的景观,让《梅花恋》中的诗行"江中往来船客都要点头称赞"的"哟,家住这里也就成了神仙"成为生活现实的常景。近三百年前的古老公园至今仍是"梅林公园"这个名称,如果四周的景致,尤其是半岛上的景致也去掉一些人为的东西如碍眼的建筑等,在朱德赏梅之先"步入"的"香楠"处也培植楠林,香楠树林的尽头就是一片岸边梅林,到了"大雪飘飘"时也让一树一树的"梅花开得正鲜",让"江岸梅林"树树"寒娇冷艳",让梅影倒照于"深潭",也让《草木篇》中的"梅"和这半岛上的"梅林"的"暗香"告别"孤傲",而成为广大游客冬天一游再游的名园佳胜景致,何乐而不为呢……

流沙河《梅花恋》写及一九七九年梅林公园的现状是"崩塌的半岛,荒凉的江岸",来公园的人呢也只能是"凭吊梅花魂,一步一怆然"!但二〇二〇年夏我们一行踏上梅林公园所在的三江半岛时,那一座跨江水泥大桥的轰轰炸响的敲拆声告诉我们:这里的一切正在优化改造,要还近三百岁古老的梅林公园一个幽静、一个雅洁。或许隔一段时间再去,就会是"绿波回环三面,半岛临深潭"的古老而又可观的"水上漂来打渔船,白鸥点点"古拙画面的再版重现,以及半岛上香楠、梅林等等生机盎然的园林。倘若是正值"大雪飘飘"的冬天,游人的眼前,就会是梅花一片"娇妍"。

我们,乃至全国、全世界的流沙河著述的读者和热爱者都期盼着啊!

并以此文纪念流沙河《梅花恋》即将迎来的创作发表四十四周年。

与艾芜的交往

　　流沙河比艾芜年轻十七岁,属于两代人。流沙河出生时,艾芜已经结束漂泊流浪生活,在大上海成了"左翼文坛一新人"。流沙河因《草木篇》暴得恶名成为全国上下大力批判对象的时段,没有见到艾芜写过批判的文章发表。流沙河在金堂老家锯木板钉包装箱糊口养家的十年动乱时段,艾芜也在成都昭觉寺临时监狱关押受难被管制着。两人的面对面交际,粗略地估计,只能在他们双方都定居于成都红星路四川省文联宿舍以后,也就是所谓"改革开放"的二三十年。

　　查艾芜已经公开出版的日记,写及流沙河的一共只有以下九次。

　　一九八一年十月二十六日,"应韩素音之约,同流沙河、刘俊民、黄化石去锦江宾馆同她开座谈会"。再从其他渠道了解情况补充后得知,这一次还有四川人民出版社的三个负责人和四川省外事办公室的人。中午韩素音请吃午饭,共坐两桌,十五六个人吧。

　　一九八三年二月十一日,"下午三时半,同高缨、黄化石、流沙河、刘俊民到锦江宾馆去会刚来成都的韩素音,这是约定的,同她谈文艺的许多问题。晚上由杨超设宴招待韩素音及其丈夫陆文。我们作陪,九时回家"。

一九八四年二月十七日,下午"请流沙河译英文信,是继湘拿回来的,是日本人写给少儿出版社的信"。流沙河这一天的私人记录也写着,"为艾芜译一封英文书信"。继湘,就是当时在四川少年儿童出版社当编辑的艾芜之幼子汤继湘。

一九八四年十二月一日,"晚上流沙河的爱人何同志和钟文来访,为香港一家画报索取照片"。查流沙河的私人记录,这天晚间他因晚餐喝冷啤酒而导致肠胃不舒服,所以才让其"爱人何同志"即何洁带领成都大学的老师钟文去艾芜家,帮香港辜健主编的《良友画报》索取艾芜的照片。

一九八五年六月十九日,"上午何洁来约我参加川西小说促进会会议","约九时半,流沙河、周克芹来邀,一道去参加小说促进会的会议。大家所谈的,是提出了川西小说不发展的各种原因。我就创作讲了话。会后到华兴街盘飧市吃午饭。大酒大席,未免奢侈了点"。查流沙河的私人记录,他这一天写着"上午参加小说促进会的讨论会。中午聚餐在市美轩。下午未去了"。看来,"华兴街盘飧市"也叫"市美轩",是成都豪华进餐的去处之一。

一九八六年一月二十五日,"上午到文联大楼开党小组会,这次由我提议开扩大会,非党员作家王余、杨禾、张幅、流沙河都参加了"。流沙河这一天的私人记录写着"上午参加刘俊民小组讨论文学现状",原来并不是艾芜主持党小组的这个讨论会,而是中共女党员领导刘俊民负责这个党小组的活动，艾芜属于这个小组的成员。

一九八六年四月二十三日，北京的中国现代文学馆时任馆长"杨犁去看周克芹和流沙河，我陪他去"。流沙河这一天的私人记录，也写着"下午艾芜前辈引北京现代文学馆馆长杨犁来见"。

一九八六年十一月二十九日，"收到香港林真的来信，说他创刊的《文学家》将在明年三月出版，要我为他写稿拉稿。下午去找了周克芹、流沙河等，约他们向《文学家》投稿"。这一件事情，流沙河没有留下记录。

艾芜日记中记录的第九次有关"流沙河"的段落，不是他和流沙河共同出席活动或者互相走访，而是一九八六年十二月二十七日，艾芜会见南斯拉夫笔会秘书长巴格丹·波加契尼克时听他转述"韩素音向他说过到成都应看看艾芜和流沙河"的话。

流沙河和艾芜双方都没有专门的文章写及对方，他们的直接交往和共同出席活动肯定不会只是艾芜日记中写到的这么八次。我已经发现一次很重要的活动，艾芜和流沙河等同时参加了，但是艾芜的日记却不写出"流沙河"等人的名字。这次活动，就是一九八六年二月八日早上八点"乘车去金牛坝，参加省政府举行的春节联欢会，共有六百多人。还有邓小平、王震来参加。散会时，邓小平出来，经过群众面前，样子沉静而又喜悦，显得很健康"。查阅流沙河的私人记录，方知道这次同艾芜同坐一车前往金牛坝宾馆的还有李友欣、周克芹和流沙河，近午结束活动。流沙河这一天，在私人记录本上写的是"看见了邓伯伯"。李友欣,是当时的四川省文联的主要负责人之一。这一天是除夕,即农历大年三十,普通民众最为看重的一个节日,第二天就是正规的"春节"即正月初一。

还有一次,事情很普通,但是艾芜也没有如实在日记上写出"流沙河"的名字。一九八四年一月二十日艾芜的日记写道:"《百花洲》的编辑金锐、王中朝来约稿。"要非常熟悉当年文艺刊物分布及其编辑情况的人,才知道艾芜这里的记录不确。《百花洲》是江西人民出版社和百花洲文艺出版社主办的大型文艺双月刊,该杂志编辑部这一年的编辑中并没有"金锐"和"王中朝"。好在流沙河这一天的私人记录写着:"下午郑州《百花园》的王中朝与金锐来约稿。小小说。引他们去找艾老与别的人。"

《华阳国志》为我巴蜀之
首部历史巨著。查原文竟果古有
「泉田」千馀年来无人记载此农田古蹟
之原址仍在。艾芜长篇写了此泉田乌木泷
但亦不知此即《华阳国志》所载之古蹟
吾国农业考古古蹟不多 多为水利古蹟。
而「泉田」实为真正可珍贵的历史古蹟,
而且至今管用 宜申报我省成为省级农业
古蹟,作都江堰之配套,以见我川西平原
之水旱继人,民不知饥「非虚言也。
建议好为修补完整,力复旧观,加以
珍惜,加以利用。
流沙河
2019.6.20.

流沙河建议力保艾芜故里农业古迹"泉田"的原件手稿

"冒名"的《春》

　　住在都江堰的老诗友、老文友许伽女士在一九八〇年四月中旬,给流沙河写来一封信,说她在当年第二期《广州文艺》上读到流沙河的组诗《春》,认为这四首一组的诗"差劲",也就是说写得不好。被许伽读后认为"差劲"的《春》,不进行任何订正性质的改动,包括当年国家语委硬性规定的动词"像"必须用不带人旁的"象"等,从第二期《广州文艺》全文机械抄录如下。

春

流沙河

人说:春来了,一派大好风光……呵……?

春之战

是春风,载来了一个穿绿绒衣的春天。

于是,向阳开的、向阴发的展开了争夺阳光、气候、空间、土地的春之战!

不是吗？当春风的手掌摇醒大地，
当灰白的云雾似骠马给万物驮来了雨水，
当春雷用火神的手按动宇宙生命的键……
绿柳，又洒开少女似的长发，
毒菌，又撑开一顶顶白色的小伞！

春雷

大自然第一声太息是沉寂已久的雷声，
闪电挥起巨掌，把宇宙的脸打得火星飞迸！
天庭，乌云、惊雷摆开了拼杀的战场，
地上，春莺、熊黑都从冬眠的床上一齐惊醒！

春汛

解冻的河水又卷着桃花奔腾，
象脱缰的野马向天际扬蹄飞奔。
它的使命是卷走泥污、掠走腐叶，
但它也要带走肥沃的泥土、萌芽的收成。

藤

不甘心爬在地上被丛木遮住，
为了得到雨露的奶汁、阳光的爱抚，
用没有脊骨的身躯缠住花草、树木，
象毒蛇一般把小树拉弯、把百花压伏。
春天，造物主赏赐地给予，

青藤，还可能最先得到一杯生命之荣的雨露！

1979.9.28 于县城

　　在接到许伽的来信前，这年三月九日，流沙河从四川省文联同事"洪眼镜"口中已得知《广州文艺》二月号发了我的诗，题名《春》"，但流沙河自己在私人记录中惊讶地写道："可怪！我从来未寄过诗去那里！"次日，流沙河多半是在四川省文联期刊资料室"已找到《广州文艺》二月号，果然如此，是冒名。该组诗内容故意写得与《草木篇》有关联"。一九八〇年三月十一日流沙河记下当天的活动："写信给《广州文艺》，说明那个流沙河不是我，附诗一首，题目《我寄给'我'》。"

　　没有在《广州文艺》这一年其后第三期起的刊物上找到流沙河的《我寄给"我"》，也就是说，这首诗没有在《广州文艺》上发表。我乐观地估计，或许还有发现此"附诗一首"的机会，比如流沙河自存的该诗手稿、《广州文艺》相关编辑人员的回忆文章的全诗引用等。这首《我寄给"我"》，会是一首比较幽默的口语诗。流沙河一九八〇年三月十一日写信并附寄《我寄给"我"》诗稿，只能是寄给《广州文艺》的诗歌编辑。

　　从其后的流沙河记录来看，《广州文艺》这位"诗歌编辑"终于来了信，他的姓名叫朱光天。朱光天本人也写诗，这年第十期《广州文艺》第五十二页就发表了他的讽刺诗《"八机部长"》。在没有找见朱光天复信之前，也只能推想这位《广州文艺》诗歌编辑承认那"冒名"流沙河的组诗闯了祸，希望被"冒名"的流沙河在今后的刊物上发表非"冒名"的流沙河新的诗作，以正视听。

这才有了流沙河一九八〇年四月二十六日将"谭兴国退给我"的《自行车独白》"寄往《广州文艺》朱光天"的举动。

谭兴国是流沙河在四川省文联工作时的同事,他创刊了一种最初的刊名为《文谭》的《当代文坛》,但是只发表评论文章,以及作家们关于文学创作的体会等类的文章。流沙河的诗作《自行车独白》,显然不能在谭兴国弄的《当代文坛》上发表,所以"谭兴国退给"了流沙河《自行车独白》的投稿。

细细查阅了一九八〇年这一年后九期的《广州文艺》,除了第九期发表流沙河《自行车独白》外,再没有流沙河的信息。流沙河去信说明组诗《春》不是他写的以及投寄《我寄给"我"》的"附诗",完全有机会公开发表。比如第五期不仅有专栏"作家书简"还有"更正",第六期也有《对本刊内文错漏的意见》的来稿公开发表,第八期"来信摘登"《〈鬼姐〉是抄袭之作》还前缀"编者按"怒斥抄袭行为"是一种丑劣的行为",但就是不公开刊布组诗《春》是"冒名"流沙河这个不算小的"审稿"专业失误事件。

即便没有流沙河本人的"现场载录",后来的专业研究者也可以考证出一九八〇年第二期所刊组诗《春》是"冒名"流沙河的"作品",我们来从事一下"马后炮"似的分析。最为明显的,是《春》后的"1979.9.28 于县城"落款中的"于县城",简直是说不通的。查一下流沙河在金堂县文化馆供职一年所写作品的落款,有"1979 年暮春在故乡的沱江北岸""1979 年在故乡的文化馆""1979 年伏夏于沱江之阳"等,唯独没有过"于县城"这类写法。从四川省金堂县投稿到广东省广州市,却只写一个"于县城",不合情理吧。还有,也是一眼就可看出来的那个短序:"人说:春来了,一派大好风光……呵……?"流沙河当过编辑,他本人对语言文字和标点符号的规范使用,不会生疏。但这里,"呵"后的省略号和问号连用,完全乱来。

现在我们要进一步赶紧做的工作,最好能找到流沙河《我寄给"我"》这首诗和写给许伽、写给《广州文艺》的几封信,这几件文献史料更能丰富此次《广州文艺》"冒名"发表组诗《春》的细节。已经发现编写《流沙河著译篇目》的人把这个组诗《春》也正式入了目,这类低级笑话不可以再闹了。如果再细化性质地落实一些史实,如"冒名"流沙河写《春》的人究竟是谁、他为什么要这样干、编辑部得知"冒名"结论后又是如何处理善后事宜的等等,如此这般落实了一些调查,该起"冒名"发表作品的小小文案就能"结案"了。

自然,四十多年前就有人"冒名"流沙河发表作品,证实了这个时候"流沙河"的名声和诗坛地位已经了得。从这个角度来看问题,流沙河的文坛尤其是诗坛地位,是必须予以认定的。他后来告别诗坛宣布不再写诗了,也是一种现象。但是,我们细细整理流沙河"告别诗坛"以后的创作目录,他仍然写了不少新体诗歌和旧体诗词,尤其是创作了也可以说是注满了诗魂的大量楹联和题词,而且用他的耐赏的养眼悦心的独特字体毛笔大字书写出来,还是"一字难求"啊。你还能说,流沙河早就"告别"了诗坛吗……

文过的《流沙河访问记》

　　流沙河在北戴河出席河北省作家协会主办的诗歌座谈会时,于一九八〇年八月十二日晚的夜宴后,回到临时下榻的旅店,在刘湛秋的住房中结识了供职于《诗刊》社的四川老乡朱先树。在《诗刊》评论组当编辑的朱先树,是川南泸州人。朱先树对流沙河说到他在北京刚完成的发稿事情,说"白航的那篇访问记写得好,爱读",又说"这是《诗刊》第一次发访问诗人记"。朱先树对流沙河说的"《诗刊》第一次"发表的"访问诗人记",依朱先树说话的先后逻辑来分析,所讲的文章就是白航写的"那篇访问记",自然也只能是"访问"流沙河的。但说这件事情时,刊载"白航的那篇访问记"的《诗刊》尚未出版。朱先树作为《诗刊》理论组编辑,编稿时先睹为快,忍不住内心的"爱读"之喜悦,向所发文章写及的被"访问"者流沙河作了预告。

　　然而,去查阅稍后出版的一九八〇年第九期《诗刊》,在这一期第四十二至四十五页的确有一篇《流沙河访问记》,但署名却是"文过"。原来,"文过"是白航发表这篇文章时使用的笔名。《流沙河访问记》末尾有写作日期"1980.6.25于蓉城",去查阅流沙河这个时段的私人记录,也有相应的载录。

　　一九八〇年六月十八日:"白航要我的作品剪报,因《诗刊》约他写短文介绍我的诗。"

　　一九八〇年六月二十日:"《诗刊》约白航写我的采访记。夜,白航问了我十多年来一些情况。"

　　一九八〇年六月二十六日:"白航交来一篇访问记,五千字,《诗刊》约写的。逐字逐句改了。"

　　一九八〇年六月二十八日:"白航对我的访问记昨日已寄《诗刊》了。"

　　一九八〇年七月十二日:"收到邵燕祥信,交白航转我的。……《访问记》拟发九月号,可能同时发《故园六咏》,配发照片,要签名。当即回信,附上照片两帧,……签名两式,一直一横。航空挂号寄出。我心里很快活,说明寒潮在退了。"

　　在《流沙河访问记》头几自然段中,"文过"交代他为什么要写此"访问记",下录引文中的"他"均指流沙河:"直到现在,他二十年极不寻常的经历却知之者甚少。我因为住在天府之国的芙蓉城,常接到一些朋友来信,询问他的消息。因此,就在一个晴朗的假日,访问了这位神秘的诗友。……在促膝谈心的时候,我才知道他的一些可悲而又可贵的经历,就写在下面,算作对朋友的复信吧。"

　　之前头一段,"文过"交代"诗人流沙河"一九五七年已"一举而成了全国'知名人士'",如今这位"苏醒过来"的流沙河"又用他清新的诗句和读者交流心声"。所以,全国读者都想了解这位"无影无踪"了二十年突然又这么"清新"歌唱的"诗人"。

为了行文的需要,一直到《流沙河访问记》结束,"文过"都没有只字透露他与流沙河就是一个"单位"朝夕相处的"同事"关系。

在"流沙河文化研究"领域,这篇五千字的"访问记",由流沙河私人记录所载的现场记录作证,他"逐字逐句改了",也就是经过了流沙河的"亲自认定"。这么一来,这篇"访问记"就具有了第一手著名作家、诗人史料文献的特点,其论断和观点代表了那时流沙河的自我评价。但从一九八〇年六月二十八日的私人记录中说的"白航对我的访问记昨日已寄《诗刊》了"来揣摩,四十九岁的流沙河在私人记录中所记的"逐字逐句改了"有些夸张。没有见到留有流沙河"逐字逐句改了"的"文过"所写"访问记"的全稿,估计也多是个别字词的润订,因为没有重抄,而且"改"后马上就"寄"走了,足证没有太大的修饰和添补。毕竟"文过"好歹也是旧文人,笔下功夫不会太差,否则他不会被"上面"任命为《星星》实际上的主编即杂志的主要负责人。

这篇《流沙河访问记》中不少苦难经历的述说,后来流沙河大都有更生动更具体的描写,可参看他的回忆录《锯齿啮痕录》。我们重点说说"访问记"中的文学乃至文化方面之史料。《流沙河访问记》叙说流沙河为给"不能上学"的孩子补习文化课,在家中找不到"一本能看的书"的情况下,凭自己"头脑中记得"的中国"古体诗词","从《诗经》起,到毛主席的诗词止",默写下二百二十五首,"作为教孩子的语文识字课本"。流沙河"又编了英语课本共十册,教孩子在漫漫长夜里朗声诵读"。在教孩子读英文的同时,流沙河自己也翻译小说,就是后来公开出版的《混血儿》。

这两种自编课子教本,说明热爱中华文明和中国文化的流沙河,哪怕在苦力劳作的二十年艰窘岁月中,也坚守着一个中国知识分子的文化传承使命。

终于有了重新创作的机会,《流沙河访问记》依照时序述说了流沙河在《星星》复刊后的编辑部"一边作编辑,一边先后写了不少诗作,发表在全国各地报刊上"的突出实例,如写朱德总司令的《梅花恋》、写"党的好女儿张志新"的《带血的啼鹃》、写"歌颂刘少奇主席和彭德怀元帅"的《孤立颂》等等诗篇,都是一经发表立即就引起了读者的广泛关注。

这篇"访问记",以预告流沙河"一首长诗《太阳》"即将与读者见面结束了全文,留给当时的读者巨大的期盼。流沙河长篇诗作《太阳》发表于这年第八期《诗刊》,"文过"写此"访问记"时还在编辑部过三审的程序。

要知道,《流沙河访问记》其实仅仅记录了重入诗坛才半年的流沙河,已经有如此多的亮点让我们惊喜不已。

这一篇五千字《流沙河访问记》的作者"文过",前面已交代就是时任《星星》主编的白航。其实,"白航"和"文过"一样,也是笔名。白航的本名叫刘新民,一九二六年生于河北高阳,比流沙河年长五岁。"白航",应该视为其传世笔名。白航除"文过"外,还用过"谢燕白""燕白"等笔名。为什么要取"文过"这个笔名?没找到白航自述,我猜想应该是取自本姓"刘"字左半的"文",

"过"的用意连猜想也不敢了。《星星》创刊时，编辑部四个编辑被略为"两白两河"，当年几乎文艺圈内人人皆知，非常著名。"白航"之外，还有一个出生于一九二一年的白峡，山东巨野人。白峡的原名叫刘方盛，也用过别的笔名。"两河"就是流沙河、石天河。石天河仍然是笔名，他本名周天哲，一九二四年生于湖南长沙。

　　白航署名"文过"的《流沙河访问记》，是近五十年前产生的"流沙河文化研究"重要文献之一，里面的硬性史实经过流沙河本人"逐字逐句改了"的认定，今天看来更加珍贵。

写《老人与海》

收有八十题一百二十八首新诗的《流沙河诗存》，二〇一九年五月由四川人民出版社印行，"选编"任务由流沙河的胞弟余勋禾担任，该书录"存"了长诗《老人与海》。"选编"者六千字的《为家兄序》用一个整自然段五百字多方面地介绍了"流沙河写《老人与海》"，开头就说"诗中真实记载了邓小平北戴河海滨游泳，受到老百姓亲切围观和与民同乐的情景，作者在现场感动得落泪"。这篇《为家兄序》写于"二〇一七年秋"，当时流沙河健在，其胞弟所讲诸如"作者在现场感动得落泪"等细节，很容易被读者认为是流沙河自己亲口叙说过的。但是，真实的史况却不是这样。

整整十七年前的二〇〇〇年九月二十二日，成都《天府周末》发表了一篇《与流沙河的一段因缘》，作者尧山壁。这个尧山壁就是创造了系列条件让流沙河写出《老人与海》的功臣之一。在一九八〇年八月初至八月下旬的二十多天里，尧山壁以河北省作家协会的名义操办了"北戴河诗会"，参加者是河北省三十几个老中青诗人，省外只请了流沙河一个人。这次的北戴河诗会安排很宽松，每天上午座谈、下午游泳。参加诗会的三十几个诗人中有河北黄骅县文化馆《诗神》杂志时任编辑何香久。根据尧山壁的回忆，何香久是让流沙河写出《老人与海》的又一个功臣，我们来看尧山壁的回忆。

在《与流沙河的一段因缘》中，尧山壁这样写道：

> 有一天何香久从外边回来，按捺不住的惊喜，说亲眼看见了邓小平同志从西山下来到海滨游泳的全过程。沙河兄从小平同志的沉浮，想起了自己的往事，背过身去摸出手帕，悄悄在揩着眼睛。他匆匆吃完饭直奔西山，面对那一片海域望了很久，沉思了很久，直到夜幕降临，他眼里蓄满了水色星光，心里蓄满了浪花涛声，一首诗开始酝酿：
>
> 他不得不从头再学游泳
> 猛击着狂涛怪浪
> 三次浮
> 三次沉
>
> 这就是后来轰动一时的《老人与海》。

尧山壁的回忆文章写于北戴河诗会二十年之后，虽说既具体又生动，仍然不可以当成可信的"文献史料"采用。好在流沙河这一年的完整私人记录被保存了下来，细细研读之后，得知

《老人与海》原始的酝酿和写作史况，略作撮述。

尧山壁生动具体回忆的何香久对包括流沙河在内的人讲述他"亲眼"所见"邓小平同志从西山下来到海滨游泳的全过程"的事，流沙河私人记录中没有对应的记载。在一九八〇年八月六日的私人记录中，流沙河写了他与人前一天夜晚散步时得知邓小平已在北戴河休息。十日夜间散步时又听说邓小平"上前天回京了，在此地海滨曾经与群众混在一起下海游泳，起来还拍了照片"。也并非有意，在十六日流沙河同其他几个人到邓小平来北戴河休息时的住地大门口去，从"门口岗兵"的叙说中，得知"邓副主席出入要问候我们，要握手"，"上次邓副主席来，精神很好，不坐车而步行下山去海滨游水"，"那天他一出门，遇上群众，多达两百人，围住走不通，他一一握手，到海滨又与群众照相。邓副主席昨天才离开这里去北京开会。他出大门来，与我们握手，说我们辛苦，说他要去北京开会去了"。

从私人记录上看，流沙河要写《老人与海》，没有告诉任何人。直到其他全体参加北戴河诗会的人都走了的二十一日，流沙河这天下午"开始写《海与老人》，写邓伯伯的"。这天深夜他独自一个人"去海滩听潮看月，归来继续写《海与老人》"，一直"写到半夜过"。二十二日，"全天专心致意写《老人与海》，写得满意"，中途短暂接待一位"托他买茶叶"的当地诗人后，流沙河"去海边望月听潮。归来又写，到半夜写完"。二十三日，"晨起便立刻动手精抄，一边抄一边哭。抄好后，给李小雨一短信，说明此诗《老人与海》（原题《海与老人》）背景材料"。私人记录中还说"在细细精抄过程中"虽然服务员送来久盼的家信，流沙河也"顾不上拆看。抄完了,才看信"。下午五点,流沙河急忙步行去当地邮局,把一封信和《老人与海》的"精抄"原稿一起寄往北京《诗刊》的编辑李小雨。李小雨是著名诗人李瑛的女儿,也是诗人,时任《诗刊》专职编辑,负责跟流沙河联系。

现在可以明确地讲:写《老人与海》之前,流沙河并没有亲临当时"邓小平北戴河海滨游泳"的"现场",因而余勋禾《为家兄序》中所谓的"在现场感动得落泪"也就无从说起。甚至,尧山壁回忆文章中说的听何香久讲述"亲眼看见了邓小平同志从西山下来到海滨游泳的全过程"的时候,"沙河兄从小平同志的沉浮,想起了自己的往事,背过身去摸出手帕,悄悄在揩着眼睛"一节,也不敢相信是真实发生过的,很可能是尧山壁据《老人与海》中的诗句"有一个书生想起往事/忽然背转身去/摸出手帕/悄悄地揩着眼睛"而"想当然"地合理合情"构思"出来的场景。因为写《老人与海》的三天之中,尧山壁与何香久都离开了北戴河海滨,北戴河诗会的参加者三十几人中没有一个人知道流沙河在北戴河构思并写下《老人与海》这件当年中国"诗界"的大事。

一九八一年一月十日在北京出版的该年第一期《诗刊》头条隆重推出一百六十九行的《老人与海》,诗末有模糊的写作时间和写作地点"1980年初秋写于北戴河海滨"。到了一九八二年十二月上海文艺出版社印行的《流沙河诗集》中,所收该诗末尾的这个写作时间具体化为"1980年8月21—23日",与流沙河私人记录所载完全一致,当系流沙河自己补订。但上海文艺出版社印行的《流沙河诗集》中收录的《老人与海》的文本有近二十处改动和一行诗句的补加,暂时弄不清是流沙河自己的改动和补加还是出版社的"编辑加工"。依我个人的看法,《流沙河诗集》对《老人与海》近二十处的改动和补加都不太成功,还是应该恢复《诗刊》初刊文本的样子,因为改动和补加的地方并不高明。三十八年之后,到了《流沙河诗存》所收录的《老人与海》文本,照录一九八二年十二月上海文艺出版社印行的《流沙河诗集》中的该作品,不过有几处疏漏,如两处应该空出一个字的地方忘了空,应该在再版时予以补订。在文本学上,《流沙河诗存》中的《老人与海》不是一个独立的文本。至于对这首《老人与海》诗作内容的分析和理解,当然可以"百花齐放"。但《老人与海》肯定不是"真实记载"邓小平某一次的游泳,而是流沙河全新原创性质的"诗意描述",这一点应该成为共识,不该在史实这个硬性存在上导致人为的分歧。

流沙河本人有无专文谈他这首《老人与海》的诗,他生前我没问过他。近期闲读十六开大本子广州《随笔》第二十一期,是一九八一年出版的,这一期有流沙河《〈太阳〉和太阳神》一文,写于一九八一年二月十九日,最后谈及这首诗作《老人与海》:"拙作《老人与海》一诗中有两句:'他是人民的儿子'和'人民是他的大救星'。那个'他'也是中央首长,这样写并不犯忌。时代毕竟不同了,可喜可贺。"

写《理想》

　　平反以后一九七九年底重返中国诗坛的诗人流沙河在头一二十年，仍以创作新体诗歌为主，可以说几乎每一首他的新诗作品都在发表后引起过较为热烈的业内或者社会关注。然而，若论读者最为众多的一首新诗作品，应该是收入人民教育出版社"义务教育课程标准实验教科书"《语文》七年级即初中一年级上册的《理想》。我手头的这一本《语文》七年级上册到二〇〇四年六月，仅在成都就印至一百多万册了。而且，之前好多年和其后每年都要加印。再加以全国各省市每年的持续不断的加印数量，应该有几百万甚至上千万册了吧！

　　流沙河健在时我问过他为什么要写《理想》，他笑着说这首诗歌是"命题作文"。原来是中国共产主义青年团中央下了一个文件到各省作家协会，希望作家、诗人们都为青少年读者写写理想方面的文学作品。这是什么时候的事呢？初刊于一九八一年六月十日该年《诗刊》月刊第六期的《理想》诗末，没有写作时间。初收于一九八二年十二月上海文艺出版社印行的《流沙河诗集》时，作品后面仍然没有补上写作时间。查流沙河私人记录，载录

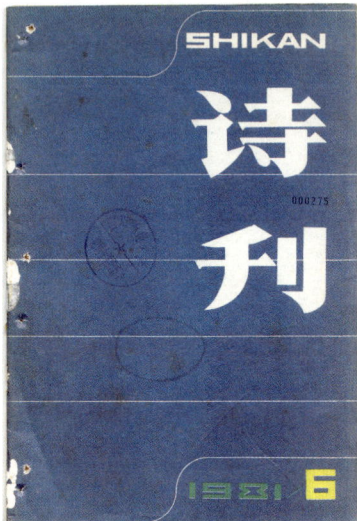

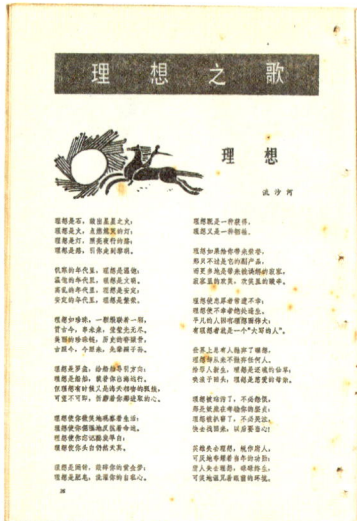

初刊流沙河《理想》的《诗刊》

的相关内容有四次,为:

一九八一年三月三日:"写《理想》。"

一九八一年三月四日:"《理想》初稿出。……夜写《理想》至半夜。"

一九八一年三月五日:"上午抄好(《理想》),拟寄《诗刊》。"

一九八一年三月六日:"《理想》寄李小雨了。"

也是诗人的李小雨为著名老诗人李瑛的女儿,当时供职于北京《诗刊》月刊编辑部,流沙河是她长期负责联系的作者之一。但是,在见到的《理想》几次手写初稿上,发现至少一九八〇年十二月三十一日已经产生了完整的《理想》初写稿的手迹本。说"至少",是因为在一些残存的字纸碎片上,也发现了明明白白的《理想》的构思,如:

理想

理想是火,点燃熄灭的灯

理想是刀,剃断悬梁吊颈的绳索

这已经属于"诗型"思考的两行文句,而且是相当有内涵的诗句。写下这两行的时间,当在一九八〇年年底之前,此时流沙河刚得知中国共产主义青年团中央号召全国作家和诗人写向青少年谈理想的作品,信笔记录下"灵感"突然涌现的片断字句。在已见到的几次手稿和发表定稿中,这两行还真是"魂魄贯穿"的内容呢,尤其是第一行。

流沙河私人记录没有载录的一九八〇年十二月三十一日《理想》初写手迹稿,大幅度游移的思维还未完全定型,不像发表稿那般每节四行地整整齐齐。这表明在述说形式上,此时的流沙河还有些思维跳跃,又想写这、又想写那,光具体的人名就在手迹中出现了马克思、列宁、毛泽东、司马迁、刘胡兰、张志新等,使得诗意的走向相当分散甚至混乱,不是成熟的诗歌必须达到的一贯到底的抒写。有些诗行也不合情理,如下面的:

失去理想,

人就早衰,发胖,痴呆

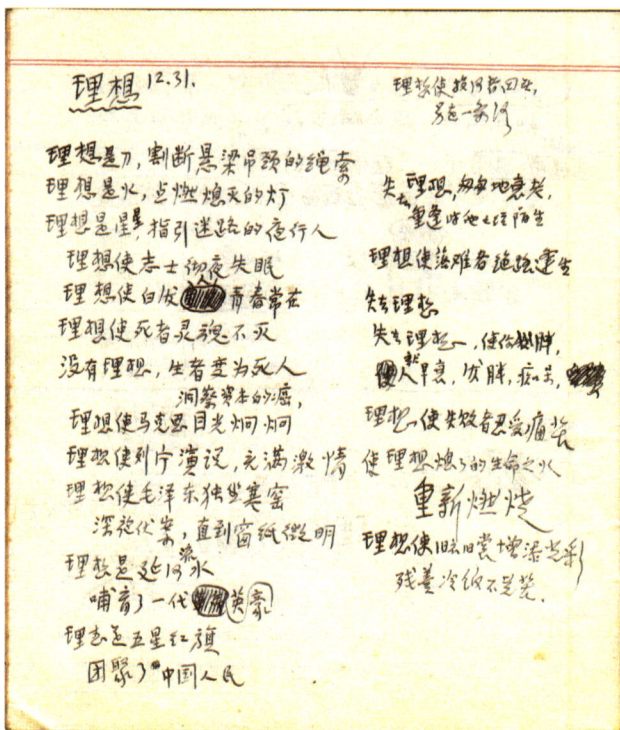

流沙河诗《理想》手稿之一

……

理想使旧衣裳增添光彩

　　残羹冷饭不觉苦

……

理想不在花前月下，

理想不在歌台舞厅。

理想在课堂，在车间，

　　在垄亩，在破屋，在山村，

在战壕,在兵营,

在实验室

在办公室,

有时候在法庭,

在监狱。

甚至有"理想并不是说得好听,理想要求献身的真诚"这种很随意的句子。无疑地,以上抄录的初写诗稿最早写出的句子,的确有不少十年动乱时期所谓文艺作品的痕迹。没有抄录在上面的,比如就有一处——

理想使毛泽东夜坐寒窑,

笔扫千军,

挥师一以当十,

直捣蒋家朝廷。

这完全就是十年动乱时期提倡的文风再现。然而,就在这份最早初拟诗稿中,一首名诗的构思规模也已经隐藏其中,再过两个月,就会呈现出成熟的重写稿了。

一九八一年三月的三日和四日,流沙河笔下再一次仍标为《理想》的诗稿手写件,已经相当成熟了,有三分之一的诗节后来都成为定稿,当然也有被定稿完全删去的整节整节的文字,仅录这一稿没有进入定稿的第三节为证:

几百万革命先烈，来不及留下姓名，

只留下一个理想，铸成了五颗金星，

飘扬在天安门，闪烁在红旗上，

理想是阶级之志，

理想是民族之魂。

在一九八一年三月五日上午的誊清稿中，有一大半是重写。没有见到寄交给《诗刊》编辑李小雨的誊清诗歌定稿《理想》手迹件，从《诗刊》初刊本的共四十八行、每四行一节、节与节间全用空行表示的格局看，不排除《诗刊》对流沙河此诗有进一步的加工。也得承认，《诗刊》审稿时即便有加工，这加工也是高手所为，因为无论怎样细读，找不出不融洽的诗行或用语。也就是说，《诗刊》的审稿人员假若对《理想》有改动，也是用流沙河这首诗歌本身的特点，订正流沙河诗作的疏漏失误或丰富流沙河诗作的表述。《诗刊》发表的《理想》成为最终定本，收入《语文》课本中的该诗也仅有两处无关紧要的改动，没有影响这首著名诗篇的表述。

最后须呼吁一下，《语文》课本将《理想》末节中"理想抽芽，榆杨会有浓荫"的"荫"改为"阴"，是可以不改动的。即便最新版本的第十二版《新华字典》和第七版《现代汉语词典》，也仍然将"树荫"列为首选规范词形，流沙河的该诗几次手写稿上都是"浓荫"。与草木树叶有关的，还是用带草字头的"荫"好一些。

□□□□，敲出星星之火。□□□□，点燃熄灭的灯。
□□□□，照亮夜行的路。□□□□，引你走到黎明。
饥寒□□□□，温饱。温饱的□□□□，文明。
离乱□□□□，安定。安定□□□□，繁荣。
□□如珍珠，□□缀连着□□。贯古今，串未来，莹莹光无尽。
美丽的珍珠链，历史的脊梁骨。古照今，今照未来，先辈照子孙。
□□是罗盘，给船舶导引方向。□□是船舶，载着你出海远行。
但□□有时候又是海天相接的雾，可望而不可即，折磨你那进取的心。
□□使你微微笑地观察着生活。□□使你倔强地反抗着命运。
□□使你忘记鬓发早白。□□使你头白仍然天真。
□□是闹钟，敲碎你的黄金梦。□□是肥皂，洗濯你的自私心。
□□既是一种获得，□□又是一种牺牲。

□□如果给你带来荣誉，那只不过是它的副产品。
而更多地是带来被误解的寂寞，□□里的酸辛就是明证。
□□使忠厚者常遭不幸。□□使不幸者绝处逢生。
平凡的人因□□而伟大，有□□的人就是一个大写的人。
世界上总有人抛弃了□□，而□□从来不抛弃任何人。
给罪人以新生，□□是还魂的仙草。唤浪子回头，□□是慈爱的母亲。
□□被玷污了，不必怨恨，那是妖魔在考验你的坚贞。
□□被嘲笑了，不必气馁，快把泪擦干，以后要当心。
英雄失去□□，叹作庸人。庸人失去□□，碌碌终生。
□□开花，桃李要结甜果。□□抽芽，榆杨会有浓阴。
请乘□□之马，挥鞭从此起程，路上春色正好，天上太阳正晴。

流沙河诗《理想》手稿之一

理想

流沙河

理想是石,敲出星星之火;

理想是火,点燃熄灭的灯;

理想是灯,照亮夜行的路;

理想是路,引你走到黎明。

饥寒的年代里,理想是温饱;

温饱的年代里,理想是文明。

离乱的年代里,理想是安定;

安定的年代里,理想是繁荣。

理想如珍珠,一颗缀联着一颗,

贯古今,串未来,莹莹光无尽。

美丽的珍珠链,历史的脊梁骨,

古照今,今照来,先辈照子孙。

理想是罗盘,给船舶导引方向;

理想是船舶,载着你出海远行。

但理想有时候又是海天相吻的弧线,

可望不可即,折磨着你那进取的心。

理想使你微笑地观察着生活;

理想使你倔强地反抗着命运。

理想使你忘记鬓发早白；

理想使你头白仍然天真。

理想是闹钟，敲碎你的黄金梦；

理想是肥皂，洗濯你的自私心。

理想既是一种获得，

理想又是一种牺牲。

理想如果给你带来荣誉，

那只不过是它的副产品，

而更多地是带来被误解的寂寥，

寂寥里的欢笑，欢笑里的酸辛。

理想使忠厚者常遭不幸；

理想使不幸者绝处逢生。

平凡的人因有理想而伟大；

有理想者就是一个"大写的人"。

世界上总有人抛弃了理想，

理想却从来不抛弃任何人。

给罪人新生，理想是还魂的仙草；

唤浪子回头，理想是慈爱的母亲。

理想被玷污了，不必怨恨，

那是妖魔在考验你的坚贞；
理想被扒窃了，不必哭泣，
快去找回来，以后要当心！

英雄失去理想，蜕作庸人，
可厌地夸耀着当年的功勋；
庸人失去理想，碌碌终生，
可笑地诅咒着眼前的环境。

理想开花，桃李要结甜果；
理想抽芽，榆杨会有浓荫。
请乘理想之马，挥鞭从此起程，
路上春色正好，天上太阳正晴。

一封书信的真仿

孔夫子旧书网拍卖区贴出了流沙河一封写于"四月二十八日"的书信手迹,释文如下。

一峰同志:

久违为念,问候起居。拙荆之女友贾惠美同志,在成都玉器厂工作,有志于国画,常苦无良师,久仰仁兄画名,无缘当面聆教,乃求于我为介绍。望仁兄丹青之余给她指点一二。若能惠然收她为艺徒,不胜感激。薪有尽而火传,伏愿仁兄弟子遍蓉城,我亦有荣焉。

恭叩

夏安

流沙河

四月二十八日

从语气上看,这封书信确实是流沙河写的。反复对所写内容进行查核和考证,这封书信写于一九八一年四月二十八日,是写给著名画家吴一峰的。书信中的"拙荆",指流沙河独子的生母。贾惠美正如书信中所说,"在成都玉器厂工作,有志于国画",想拜一个画家为"良师"。流沙河受其当时的妻子即谦称"拙荆"之托,诚恳展纸工楷书写请求,给熟朋友吴一峰一信,"望仁兄丹青之余"指点贾惠美这位"艺徒"。真心希望吴一峰老友和贾惠美有师徒关系之成功,流沙河说如此他也有荣耀之感。

关于吴一峰,流沙河曾有短篇序文题曰《一峰先生与我》,冠于《一峰草堂师友书札》手迹印本之首。此序文中流沙河叙及"我小吴一峰先生二十四岁,该算晚辈","他是大画家,而我是国画外行"。接着回忆一九五七年前后有一年多他和吴一峰"朝朝同扫厕所,暮暮同拉煤车"的"戴帽监督管制,强迫劳动"的岁月。流沙河深情回忆,"经这样特殊的一年余,二人之间,朝朝暮暮相嘘相濡,较之于'相忘于江湖'的十余年,更能够互相明其心而见其性"。此序文再下来,就是流沙河与吴一峰俩人生动的"劳动改造"写实,不再抄录了。

吴一峰一九九八年去世,他去世后遗留下不少"师友书札"手迹,其中就有流沙河写的这封推荐贾惠美去拜其为师的"书札"手迹。前面引述的那封书信手迹就源于公开出版了的《一峰草堂师友书札》"稿本"。流沙河在序文最末谦虚地说他的"拙作"之外,其他各件"书札"都"莫不流露自然潇洒之美,堪作法书,供人观赏"。我没有见到收录在《一峰草堂师友书札》中的流沙河该封书信手迹,如果是加了红框的这一式,那就不是真迹了。

网络平台真是应有尽有,我这个很少碰电脑的人,用最简单的电子档案搜索，就找见了可以定作流沙河真迹的这一封书信手迹，附后。图片供赏。

原来，流沙河用的是三十二开一小页《星星》编辑部使用的无行白笺，左上方用红字印上了毛泽东手书"星星"二字，第二字是重复替代符。这两个字源于毛泽东字幅"星星之火，可以燎原"，也用于多年的《星星》诗刊封面。

仔细对照流沙河这封书信的真迹与仿写，像我这样的书法外行也看得出仿写之劣。流沙河的真迹，整体布局干净爽眼、字字流畅自如，而仿写件呈现的是拖沓呆滞、笔笔犹豫不决。反复观察流沙河这封书信真迹，他每一个字每一笔画都各自清晰隔开于另一近邻笔画，但仿写件糊在一起的笔画随处可见，如"一峰"的"峰"左旁的"山"、如"女友"之"友"、如"丹青"之"青"、如"荣焉"之"焉"等等。应该说，加了红框的仿写件，仿写者还具有一些书法功底，晃一眼看还觉得仿得真像。但细细对比原件真迹，狐狸尾巴还是明显可见的。

不仅流沙河的书信手迹有仿写件出现，他的书法条幅、横幅也见到了不少仿写件。但流沙河的字是无法成功仿写的，他的字太个性化了，几乎每一个点横撇捺都有独具的"流沙河特色"，也是他深厚的人文素养使得他的字别有风韵，圆润丰满、清秀耐赏，如前所说整体布局干净爽眼、字字流畅自如。截至当今，我还未见过一件形似又神似的流沙河字幅仿写件。

一峰同志：

久违良深，回像起居，杖履刚之

一本久贤惠美同志，在成都至迟厂二年，

有忘于图画，带告奉良呼，久仰仁之

画品，虽坐卧间观聚，乃未了获书介

照，望仁之一峰有之依依此此兹其又

一二，惶然是怅怅如相哀怅，不胜

感激，薪酬是怅如相哀，依展介之

弟子迫答收，戏示有聚马，

　　恭叩

　　夏安

　　　　流沙河

　　　　四月二十八日

流沙河致吴一峰书信真迹（左）与仿写件（右）

一封书信墨迹

上海的东方出版中心二〇一三年十一月已经再版的《流淌的人文情怀——近现代名人墨记（续）》一书中，收有流沙河一封信札的两纸"墨"件，还有两位作者就这"墨"件写的一篇"记"即研究文字。这个怪怪的"墨记"组合，可能如我刚才所写的是表示"墨迹"即手稿并对手稿的"记"也就是研究说明吧。该书的版权页上，没有第一版的出书时间以及印了多少次、多少册的登录，但从"后记"写定时间是二〇一三年九月来看，第一版问世后一个多月就印第二版（估计是第一版第二次印刷），证实这本书还有不少读者购存。正因为有大量读者，对其中的疑点就要及时指出。书名中的"墨"是"流淌"着"人文情怀"的中国"近现代名人"手稿，最要命的就是这"墨"即手稿的真伪，一定要敲定，即真迹就是真迹、伪造的就是伪造的，仿抄件就是仿抄件、高仿真电脑印品就是高仿真电脑印品，这个方面是不可以含糊其词的。

先看这本书上清晰影印的"流沙河致李井屏信札"的图版。

再过录据"信札"手迹即"墨"的两位作者弄出来的释文。

李井屏同志：

对不起，你的一叠译稿，介绍意象派的，昨日才从来稿堆中翻检出来。我刊日稿近两百，人手只五双，忙不过来，遂至稿积盈橱，目前还在看三月份的来稿，没奈何。

谢谢你对本刊的热情支持。我们觉得意象派可以介绍，只是不拟从诗歌研究角度出发，而是从开拓读者眼界出发。准此，我想尊稿可否由我们压缩后再刊出？五月号已发稿了。如果无阻，可刊于六月号。

来信请直接寄给我本人，以免压在橱中误了时间。

握手！

流沙河

四月十一日

两位作者直击此"信札"的"记"也就是研读文字，只有两小段，也照录如下。

流沙河的这通信札用硬笔写在2页红栏格纸上，从左上角印着的"最高批示：要斗私，批修"的字样上判断，此信写于"文革"结束，1979年流沙河重回《星星》诗刊任编辑后写的。其文字平实，语言亲切。

20世纪80年代的《星星》发行20万份，仅次于《诗刊》，流沙河曾在《昔日我读余光中》一文中载："《星星》每日来稿二筐。"流沙河从众多的稿件中细读李井屏的

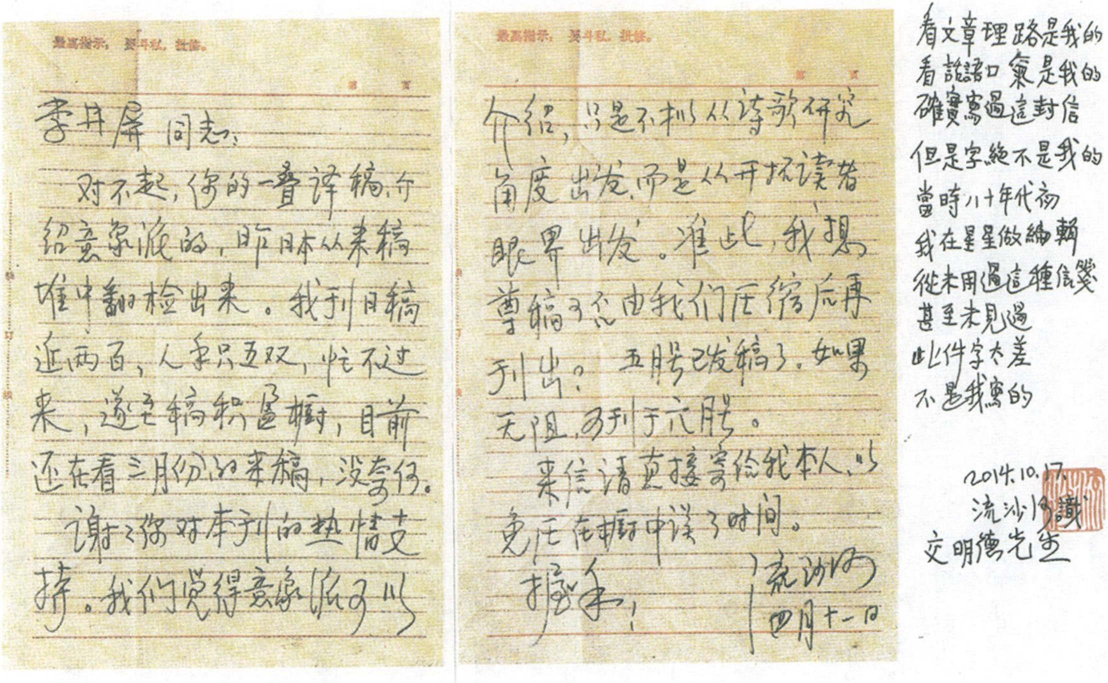

劣抄件“流沙河书信”及流沙河对此的批示手迹

译稿并回信给他，折射出了在服了二十多年苦役后重返岗位的流沙河的快活和敬业。

依照该书读者的阅读意愿指向，这样对该封"信札"的介绍和研究，此处文字完全不能满足。就说几点起码的常识，诸如这"信札"的受信者"李井屏"的基本情况、流沙河写作这信是哪一年、"李井屏的译稿"在"压缩后"是否发表等等问题，完全不予涉及。

自然，把以上的几个问题查证清楚，是要下大功夫费不少时间的，远不如随意来这么一两百字轻松。由于工作关系，对流沙河的手稿我是熟悉的，而这封"信札"呈现的每个字的每一笔画，都与流沙河的手墨真迹无一丝一毫的相似。也就是说，这是一封不知什么人抄了一遍的冒充流沙河手迹的东西。但究竟怎么一回事，还得去打扰一次流沙河。

二〇一四年十月十七日上午我刚巧有事要去叨扰余府，就带上这本书和这封"信札"的彩色打印件，顺便向流沙河请教。流沙河仔细地过目了这封被认定为其亲笔的"信札"，用黑色签字笔在"信札"中"日稿近两百，人手只五双""遂至"和"准此"三处标了下划线，对我说："这些词句是我常用的，内容是我的。"还用笔在"信札"图版右侧空白写了"星星提前一月十日发排"，以用来证实写信月日"四月十一日"也是对的，即"信札"中的"五月号已发稿了"就是写这信前一天送印刷厂的。

出于对内容的肯定，流沙河反复说了几遍"这信是我写的"。但他说："这个信笺纸我从来没有使用过，而且这个字写得太差，不是我写的字。比如我写'握手'就不是它这样写的。"在"信札"墨迹图版的下方,流沙河写了一个"握手"。还在文章题目的大块空白处写了"李井屏先生""流沙河"八个大些的字,才把书还给我。接着,他又主动地说:"你把这封信的复印件拿给我,我写几句话,供你参考。"

流沙河转身进写字间,几分钟后,他把这封"信札"的复印件还给我,在右侧空白处,他写了一段没有标点符号的批语,写上年月日并签名,还郑重地盖了一个私章。看来,这不是一件小事,补加标点符号把流沙河的批示过录于下。

　　看文章理路是我的,
　　看话语口气是我的,
　　确实写过这封信,
　　但是字绝不是我写的。
　　当时八十年代初,
　　我在《星星》做编辑,
　　从未用过这种信笺,
　　甚至未见过。
　　此件字太差,
　　不是我写的。

　　　　　　　　　　2014.10.17

　　　　　　　　流沙河　识

　　　　　　　　交明德先生

受信者"李井屏"是谁,我问流沙河,他说"记不起来了"。上网查了一下,这个"李井屏"会不会就是中国人民大学清史研究所的李景屏,一九六八年毕业于北京大学历史系?她多年从事清代政治史、社会史和清代前期中西文化交流等方面的研究,写过一些通俗历史人物传记。李景屏一九四五年七月生于北京,原籍山东无棣,二○一○年去世。她去世后,生前保存的纸质文件等,都流散了出来,所以本书作者将此"信札"编排在该书卷尾,表明写得离出书时间较近。把"李景屏"写成"李井屏",是那个年代的书写风气。

没有查到流沙河本人写这封工作书信的私人记录,应该是一九八○年或一九八一年、一九八二年,那时流沙河在《星星》编辑部虽然只是个普通编辑,但负责人白航很器重他,他的审稿任务很重,为了稿件写给作者的书信也很多。当年,流沙河才五十岁左右,加之二十多年完全脱离了文学工作,此刻正是大显身手之岁月。

我认真翻找查阅了可能发表李井屏"介绍意象派"译稿的几年间的《星星》月刊,没有发现该"压缩"稿子的刊载。只发现一篇短文介绍"意象派",是丰子恺的女儿丰华瞻写的。可以肯定:《星星》没有发表李井屏"介绍意象派"译文的"压缩"稿。

这本含有流沙河信札所谓手迹图版和"墨记"文章的《流淌的人文情怀——近现代名人墨记(续)》的作者,一个是"东北师范大学博士"、一个是"东北师范大学研究生",却闹出这样大失误性质的笑话,研究名人信札"墨迹",却连基本辨识被研究对象手迹的真伪之能力都不具备,应该说是一个遗憾。

还有,这一套书到二〇一七年八月已经出版了五本,也就是连续性大规模性地对中国近现代名人手迹件,作了系列研究,是引人注目的成果了。但在重版的一本书中还有这类绝对应该避免的常识错误存在,是一件大事。因为,作者本人可能有些知识空白,但一家正规的出版社一二三审不该都高度一致地也在某一方面同时空白。希望本文提到的这封流沙河的书信手迹的事情,能在印行更新的版本时,予以说明,或者抽掉这一篇"记"即删掉这篇文章。

讲稿《旧诗与国画》

　　如今的四川省美术家协会,在二十世纪八十年代的名称是"中国美术家协会四川分会",简称为"美协四川分会"。该分会"编印"了一份十六开本的"内部通讯"《四川美术简报》,已见到的一本为"第六十期",有二十八页,一九八二年八月三十日出版,首页刊头左侧印有"发至会员"。就在这册第六十期《四川美术简报》中,见到一篇占了整整十五个满页的两万字长文,正标题为《旧诗与国画》。该文副标题有点儿怪怪的,正标题下面打个破折号,后为"诗人流沙河在美协四川分会举办的报告会上的讲解"。"讲解"可能是"讲演"和"解读"的缩略。因为这两万字长文分为五个部分,头四个部分各自为"讲讲诗中有画""讲讲那些直接与画有关的诗""讲讲在画上的题诗"和"讲讲以诗句为题作画",最末的第五部分"讲讲中国画研究院公布的三十道题"属于"解读"即"解"。

　　对这个"根据录音整理"出来的"讲解",流沙河应该有过细心的加工处理甚至重写和补写,否则不可能如此顺畅和流利,而且章法井然、详略得当。下面,先对两万字的内容予以简介,也

四川美术简报

第六十期

中国美术家协会四川分会　编印

1982年8月30日

目　录

旧诗与国画

——在美协四川分会举办的报告会上的讲解

流沙河

编者的话。中国诗是我们民族文化的光荣文库，也包含着丰富的绘画因素。诗与国画有着密切的关系，诗人与画家又往往是一身，中华民族的许多……

流沙河同志是当代著名诗人，对绘画也已有很深的研究。这是他的报告会上的讲解，……

我们做编辑工作的，不但画，不但画，只举几条全录会，立会时相互切磋，免想以诗的角度来谈谈旧诗与国画之间的关系。

一、旧诗中有画。一首诗通常由两部分组成，其中一部分是绘画成分

只能仍然依原文五个标题来择要述说。

一、"讲"诗中有画

这第一部分有五千多字,题目也长,为"一、讲讲诗中有画。一首诗通常由两部分组成,其中一部分是绘画成分"。这个长题目,是在替听众着想。因为是"美协四川分会举办的报告会",要在讲演一开始就抓住"绘画"这根主线,把"一首诗"里"其中一部分是绘画成分"首先点出来,引起听众的聆听兴趣。流沙河讲演的高超水平和特大吸引力,在成都,在北戴河,在不少全国性的文化、文学会议上,均被证实过,这里仅仅只是一例,是他五十初度时的一次重要讲演。

流沙河把"我国古典诗歌里的基本结构"分为"描写"和"叙述"两个部分,"所谓描写的部分,就是画出来的部分,可称做绘画成分",由此切入,广举经典诗作为例。所举诗例有《诗经》、《古诗十九首》、唐诗,大多是旧读书人要通首背熟的名篇,也全是流沙河的"童子功"成绩的展示。

二、"讲"直接与画有关的诗

因为第一部分讲得久了一点儿,流沙河在此部分一开始就表明他"不打算详讲"这个问题,"只能举两个例子作跑马般的串讲",其实也仍有三千字,不短。流沙河"串讲"了杜甫的《观曹将军画马图》和《丹青引》,旁及与诗相关的史识兼作精彩分析。真就是逐句"串讲",只要认真听并做笔记,会对这诗有深刻印象。

三、"讲"在画上面题诗

其实,讲第二个部分时,已涉及这个部分,如流沙河讲"苏东坡也曾看过这幅《画马图》,还在上面题了字"就是"在画上面题诗"。先说"正好相反"的:"先有在画上题诗,后来才有根据诗来作画的。"细讲晚唐韦庄《金陵图》、一首宋人题"画唐明皇踢足球"的《打球图》的诗、苏东坡的《题杨妃痛齿图》等多首,都生动有趣,足以引起听众兴趣。

四、"讲"以诗句为题作画

从"到了北宋,画家们才从唐诗中去找绘画的素材"开头,具体讲起北宋及以后各代画家们"多从李白、杜甫、王维等人的诗中"去找绘画的素材,也都生动有趣。还讲到"现代画家"如徐悲鸿、齐白石、丰子恺等人"以诗句为题作画",徐悲鸿取宋人唐庚《醉眠》中诗句为题作画、齐白石应老舍之请以"蛙声十里出山泉"为题作画、丰子恺以唐人刘方平《月夜》中"虫声新透绿窗纱"为题作画。最后,流沙河以王朝闻在《新艺术创作论》中举出的一个例子即某画家"画了一条牛,解脱了鼻绳在奔跑"的画题作《解放》,提示听众不要片面地歪曲理解,把画作弄得"意匠浅薄"。

五、"解"中国画研究院公布的三十道题

这次"讲解"一开始,流沙河坦言"我是做编辑工作的,不会画画",这一讲要讲中国画研究院给出的命题绘画习作"三十道题"作业,他再一次强调"我本人不会画",要"解"这"三十道题"

是"很困难"的,他表示"只能从画题的文字角度来讲讲自己的理解"。所谓"三十道题",分别为"人物画十二题""山水画十题"和"花鸟画八题",流沙河很仔细地备课,逐一实实在在地指导、讲解,反正我是当教材来读的。

这"三十道题"多为中国古典诗词名句和中国古今经典小说的内容,也有诸如毛泽东的诗句。流沙河对"三十道题"全都逐一找到了出处,分析在依诗句作画时应该考虑周全的地方,也就是不要画走题了。如人物画第三题为"青山朝别暮还见,嘶马出门思旧乡",流沙河具体指出"这是唐代李颀的诗句,诗题是《送陈章甫》",接下来分析全诗,再给出据诗句作画的参考。如人物画第八题"祥子思车",流沙河就指点:"车是人力车,成都叫黄包车,年轻人没见过。得读老舍小说《骆驼祥子》。"对于这"三十道题",流沙河耐心地根据自己查找资料和思考的结果,都给予明确的指点。

流沙河"讲"旧诗与国画的四个问题和"解"中国画研究院"三十道题"的时候,没有如今便利的电子搜索"百度一下,你就知道",只能靠大脑记忆和查书。把四个"旧诗与国画"的问题和"三十道题"说透,要引述大量的中国古典诗词等经典读物,只有熟读中国古典诗词和其他文艺作品如小说《红楼梦》而且要记忆力超强,才能完成"讲解"。五十初度的《星星》普通编辑流沙河,成了"美协四川分会举办的报告会"最理想的辅导老师。

没有找到这次报告会听众们当时记录或者事后追忆"报告会"上流沙河的"讲解"风采,只好在其他方面找一找。刊载流沙河两万字"讲解"全文的《四川美术简报》,在该文之首"编者的话"中也仅仅交代流沙河这次"讲话"是"六月下旬",自然是一九八二年六月下旬。但这一年的"六月下旬"有十天呢,具体是哪一天?

好在查到了流沙河的私人记录,讲课时间是一九八二年六月二十三日,地点在今天的天府广场北侧的原展览馆。他是清晨骑自行车从红星路到人民西路的。这天上午,从九点讲到十二点。中午被"小车送回吃午饭",午后"又接去继续讲了一个半钟头"。黄昏六点即十八点流沙河自己"骑车归"。流沙河自己的"车"即自行车,是流沙河清晨从家中骑去的。

流沙河准备这次"讲解"是很用力的,时间不长的几天内,他都在忙这件事。一九八二年六月十九日是星期六,他接到美协四川分会的"正式通知",要他讲"诗与画"并具体"解读"中国画研究院"三十道题","讲解"时间就是"下周三"即六月二十三日。六月二十二日继昨夜"查许多诗"后,晚间开始"写提纲"。

但是,如果没有三四十年的积累,四个昼夜全用上来从头开始,无论再怎么努力也不会有大收获。流沙河本来对中国古代文学尤其是诗词、笔记等大多烂熟于心,他敢于果断接受美协四川分会这次"讲解"授课,自然也是胸有成竹才不拒绝的。他只需要把他熟悉的相关知识具体分一下类、排个顺序,形成讲授提纲即可。这次对"旧诗与国画"和"三十道题"的"讲解"之成功,流沙河超强记忆力帮了他的大忙。更何况三四十年的文化自修的持续积累和提升,使得他得心应手。

一九八二年六月二十三日讲完课一周后的六月二十九日,流沙河"收到美协讲课费30元",他算了一下,讲了"共五个小时"。在当时,这个数目的讲课费要算报酬不薄了。

这篇两万字的讲稿,如前所述,副标题有点怪怪的,倘若收入《流沙河全集》,可微调成《旧诗与国画——一九八二年六月二十三日在中国美术家协会四川分会报告会上的讲演》。这两万字虽然没有全文编入后来公开的流沙河相关单本图书中,但查了一下,在一九九五年十月由四川文艺出版社印行的《流沙河诗话》的"诗中有画"一辑的二十八篇文章中,有好多篇的内容都可以在两万字"讲解"中找出对应的段落。虽然如此,这篇两万字完整的"讲解"全文,仍有收入《流沙河全集》的必要。因为这两万字是表述连贯的讲稿,值得珍视。

虽然已经得知了流沙河这次"讲解"的部分史实,也仍有值得进一步探讨的问题。比如出席这次"报告会"听流沙河"讲解"的人共多少、都有哪些人,如果有个名单被发现就更好。还有,当时听了流沙河"讲解"的人,在后来的绘画创作生涯中有多少成了知名画家?这些当年从流沙河"讲解"中获取了教益的人,难道没有一个人事后留下回忆?

流沙河的蟋蟀们

六十四行的《就是那一只蟋蟀》一九八二年七月十日在成都写就,一经公开发表就很快广为流传国中并大面积传播海外,还曾经多年被收入中学语文课本,是必讲经典诗歌。很自然地,这首《就是那一只蟋蟀》便成为流沙河诗歌代表作之一。

这首诗的第一节六行,其实是用诗的形式回答余光中的一篇短文中"夜间听到蟋蟀叫,就会以为是在四川乡下听到的那一只"抒写的想象。流沙河从余光中这个美丽的想象中抓住了一首宏大主题注定会成就名诗创作的抒情线索,他激情昂扬地对余光中斩钉截铁地表态:

就是那一只蟋蟀

钢翅响拍着金风

一跳跳过了海峡

从台北上空悄悄降落

落在你的院子里

夜夜唱歌

简直让读者或听众不敢喘气，流沙河在后面每节诗都反复使用"就是那一只蟋蟀"开头，一气呵成的诗的情感洪流一灌如注，让只想感动、只想流泪、只想幸福得大哭一场的宏大能量的主题，成为天地间浩然一股正气，让读者或听众明白：两岸的中华民族同胞，必须世世代代友好相处得像一家人，才对得起诗中的这只让余光中让流沙河一听到叫声就生乡愁的飞越两岸的蟋蟀这个美好的意象……

文学想象和描写，也只能源于生活现实。流沙河对蟋蟀这种小昆虫的了解，是不是只有这六十四行新诗所构成的《就是那一只蟋蟀》中写到的呢？相信在此诗诞生四十年后的今天，至少二十岁以下的中小学生们，多半都会不太了解。其实，在创作诗歌《就是那一只蟋蟀》将近三年后的一九八五年五月十二日，流沙河写完了六千字的《蟋蟀国》，详述他在金堂县城厢镇老家住处劳动之余对蟋蟀的观察、欣赏（倾听）、捕捉、喂养以及为死去的蟋蟀善后等等过程，生动而又具体，让人向往，而有些情况如蟋蟀在打斗时受伤断腿乃至死去又会令人难受，当作优美的童话来读或许更有趣味，但又的的确确是蟋蟀生活状态的科普文字。

说来也真是"祸兮福所倚"，流沙河在自家小院落中养的大鸡、小鸡，成活得好时，啄食院内植物乃至从松土中用喙和脚爪刨食虫卵、草根等，藏在浮土中石缝中的蟋蟀难逃劫运，几乎被干尽吃绝。但小鸡被邻居的两只狗偷猎吃完、大鸡三只因瘟症又全死之后，不久就迎来了院内蟋蟀的兴旺发达。流沙河写道：

"那年的暮春，多亏最后一群天敌被芳邻饿狗吃绝了"，"鸡踪既灭，夏草秋花，次第丛生。金风一起，园中便有蟋蟀夜鸣"，"蟋蟀得以复国，夜夜欢奏'虫的音乐'于清秋"。其中"一群天敌"，指扒开地皮吃蟋蟀的大鸡小鸡们。

捕捉蟋蟀的技巧，按小时候就"酷爱"其道的流沙河本人的实践，要悄无声息地顺着其叫声逐渐接近，一旦发现就要用油灯亮光罩住，捉住了手指收拢时切勿用劲，否则轻则弄伤蟋蟀的颈子导致它其后很久就是一只歪脖子蟋蟀，重则把其腿胫折断导致它成为终生的跛子。不仅在自己的园子抓，也有小孩们协助到本镇食品厂去扒煤堆时顺便代抓，一下子增加十五六只蟋蟀。"笼太小了，养不下这么多好汉"，于是流沙河"用两个洗干净的泡菜坛子接待它们一伙"，连同早先喂养的主凶、臣仆，规模有两个泡菜坛子了，"每坛居住十只以上"，放在室内。在"饲以花生、胡桃、辣椒，让它们吃得饱，养得肥，且有广阔天地可跳可跑，又不受外面强光的影响"下，正白昼劳苦改造的流沙河，黄昏倦累回家后得到的享受是"两坛音乐，通宵伴我，妙不可言"。

流沙河对捕捉到手、养于坛中的蟋蟀，细致观察，给它们予以科学的分类，还据其形象和性格都取有富于时代意义的冠呼即命名。有一只蟋蟀"姿态庄重，步伐稳健，沉着迎敌，从容应战"，乡下土名虽不太雅致，但流沙河也随俗叫它"棺材头"，因其脑袋"短小些，方头"而得名。流沙河对这只"棺材头"的描述是富有诗意的"羽翅亦油亮，鸣声凌厉如削金属"，应该是他的蟋蟀队伍中的豪杰之士。

在文章中流沙河生动描述了几次蟋蟀间的战役，结果是使得两个泡菜坛子大规模音乐队伍"有一夜我听出两坛总共只有三只在叫"了。流沙河"估计情况严重",次日中午"捧着坛子到阳光下面去视察,心都凉了"……其中一个坛子内"四五只都死了",另一个坛子"只有一只无名氏还活着,其余的五六只都死了!"损兵惨重、损兵惨重啊,流沙河怀着难以言说的心情"用筷子拈出尸骸",细细观看,"坛内的饲料还剩了许多,说明死者不是死于饥饿,而是活生生地被咬死的"。

在战斗之后仍活着的几只蟋蟀,流沙河分外珍惜,"三只强者被我关入笼中,养在枕畔"。但三只强者仍然要战斗,一个竹笼中仅仅剩下两只最强健的蟋蟀。"一笼不容二雄",流沙河的蟋蟀们正进行仅有的两雄最后的决胜,连续战斗即"常常打架",流沙河"目击"并记下了其中"至今不忘"的一次。不以原文名称,下面以"蟋"和"蟀"为新的命名,转述这次战斗。

年轻的蟋住在笼口一端,年老的以玉米轴心为靠山。蟀住在笼底一端,以竹节为靠山。二雄各有势力范围,绝不乱住。笼的中段放饲料,为二雄共用区。但谁越过饲料堆,谁就是入侵者。蟋到共用区进餐,绕过辣椒,又绕过胡桃,去啃花生。发出声响了,蟀也来啃,啃了几口,觉得乏味,想去尝尝蟋后面的胡桃和辣椒。打招呼时蟋没发现,蟀就以为是默许,贸然去了。蟋突然看到蟀向自己挑战,立刻一头撞了上去。两雄"斗了几个回合,不分胜负"。此刻"两雄直起身来,互相抱头乱咬,犹如疯狗一般"。几个回合下来,蟀毕竟年老体力不支,难敌蟋的少年气盛。这次战斗下来,蟀一直处于劣势,不敢靠近进食公用区了,最终饿死。"霜降以后,天气转寒",独占整笼的蟋,竟也慢慢走向末日,因为"它已经拒食","看来它的日子也屈指可数了"。

这篇文章中一些话,三年前已入过诗,如开始的"《诗经》咏及蟋蟀,《豳风》《唐风》两见"在诗中为

> 就是那一只蟋蟀
>
> 在《豳风·七月》里唱过
>
> 在《唐风·蟋蟀》里唱过

还引用南宋叶绍翁七绝诗中"知有儿童挑促织,夜深篱落一灯明"说的"就是我哟"。紧接着对"一灯明"作出讲解。"一灯明"即"南宋的姜夔还看见过我本人呢。他不是在《齐天乐·蟋蟀》词内写过'笑篱落呼灯,世间儿女'的名句吗",这在诗中也有对应抒写:

> 想起雕竹做笼
>
> 想起呼灯篱落
>
> ……
>
> 想起妈妈唤我们回去加衣裳
>
> 想起岁月偷偷流去许多许多

多么温情感人的诗句啊,其实都是常用语言。但一九九七年夏天有一位中学语文老师给流沙河来信,说"不懂'呼灯篱落'是何意思,因为编教材者未作注释。学生提出问题后,感到难以回答"。这位老师还在信中说他们"语文组老师也众说纷纭。有

的说'篱'是捉蟋蟀的工具,'呼灯'就是把灯吹灭。'呼灯'和'篱落'是小孩捉蟋蟀时的两个连贯动作。'想起呼灯篱落',诗中这一行,意在唤起对童年快乐的回忆"。

这位中学语文教师真是越解释让人越糊涂,知识和见识不足的人讲起话来才绕来绕去,因为他自己也不知道他要往哪个方向去解释。流沙河自己解释说:"想起雕竹做笼",写用小刀雕刻竹的一节做装蟋蟀的笼子;"想起呼灯篱落",写拿着蟋蟀笼到园圃边的竹篱下去捉蟋蟀,"篱落"是双声词,其实就是竹篱,如同"村落"就是村,"呼灯"是侦探到蟋蟀所在处后吩咐同伴"快拿灯来",照着亮以手掩捕之,捉住了,放入笼中。流沙河还交代南宋姜夔词《齐天乐·蟋蟀》中是"笑篱落呼灯,世间儿女",借用这句"含泪水的感叹句"时为了"押歌寠韵","倒作'呼灯篱落'"了。

上述引用的流沙河《蟋蟀国》一文,收在一九八八年一月北京生活·读书·新知三联书店印行的《锯齿啮痕录》中。答复中学语文教师的一文题为《何为"呼灯篱落"》,收在二〇〇一年八月四川文艺出版社印行的《流沙河短文》中。

与巴金的来往

五十八则超短文组成的《高级笑话》十五家中的"流沙河"卷,第四十九则是《巴金不受谀》,照录如下。

> 巴金返里,晤蓉城文艺界大小头面于金牛坝省招待所。诸公祝愿巴老长寿,有云:"巴老,你脸色很红润,非常健康!"巴金大声回答:"虚火上冲。"表情严肃,端坐不动。

这一则"笑话"不是"编"的:"巴金"真有其人,其代表作《家》被"十六岁的学生"流沙河"血热泪烫"地阅读过;"巴金返里"也真有其事,"返里"后的巴金"晤蓉城文艺界大小头面于金牛坝省招待所"也是真有其事。二○○四年一月四川文艺出版社公开印行了巨著《巴金的一个世纪》,这是该社一九八九年十月出版的两卷本《巴金年谱》的扩写增订本,作者是巴金儿子李小棠就读过的复旦大学中文系的唐金海等老师。《巴金的一个世纪》一九八七年十月十四日项下载曰:"在金牛坝宾馆与马识途、陈之

一九八七年十月十四日下午流沙河躬身与巴金握手

光、周克芹、流沙河、周企何等朋友、作家及文学新人晤谈。"这里的记录，没有交代是上午还是下午或者是这一个整天。查流沙河这一天的私人记录，为"下午与三位负责人一道去金牛坝招待所看望巴金"。

至于流沙河写的连标点符号在内也才七十七个字符的《巴金不受诹》完全是真实发生过的事，因为前引《高级笑话》约一九〇年以"四川文艺出版社"名义印行后至今，同流沙河"一道去金牛坝招待所看望巴金"的人，没有一个人写文章指出，流沙河"编造"笑话讲有人"诹"巴金这事是没有的。写巴金这则"笑话"在内的流沙河《高级笑话》，二〇一一年十月又收入以"新星出版社"名义印行的流沙河《Y语录》，为"附"编，删去了一则《总经理语录》。

刚才说及《高级笑话》"以'四川文艺出版社'名义印行"、《Y

语录》"以'新星出版社'名义印行","搞出版"的人都知道我这个作者是"搞出版"的知情人。我用的这本《高级笑话》没有版权页,出版此书的时间只能从流沙河为此书写的《序》落款时间"1989年愚人节"来推定,"愚人节"是每年的四月一日。该书是书商从出版社"买书号"自己印刷、自己销售的。该书"责任编辑"吕林不是一个人的名字,是四川文艺出版社两个编辑的姓氏,"吕"是吕泰女士、"林"是林文询,当时我也在这家出版社从事编辑工作,故写出"内情"以供今后研究出版业人员作参考。《Y语录》的"特约编辑"吴鸿实有其人,他就是该书"排版制作"公司"最近文化"的创办者,已故多年。但《Y语录》的"责任编辑"署用的"巫献好",到北京的新星出版社肯定找不到这个人。《Y语录》应该也是类似《高级笑话》那种由出版社有偿提供书号、由民间人士自筹排印费自觅渠道发行的出版模式。但诸如"责任编辑"这类关键项目以虚拟名字署用,会给后世读者、研究者带来障碍。所以,这儿占用篇幅介绍一下。

流沙河专写巴金的作品,我只读到《代挽联赞巴金》这一篇千字文和六十六行的新诗《〈家〉的读者》。前者写于巴金逝世后,本是应成都《华西都市报》编辑何炜十八日约稿而写的,十九日上午写就,下午报社就来人取走了。就在十九日午后上海《文汇报》的副刊编辑潘向黎电话也约写"悼念巴金"的文章,"即以此文由E-mail传去",发表于十月二十一日的《文汇报》副刊。此处的讯息,都源自流沙河的私人记录。

千字文《代挽联赞巴金》,也题作《代挽联赞先生》和《代挽联赞巴金先生》,《文汇报》刊用此文用了《代挽联赞先生》。此千字

与巴金的来往 一

109

文先后收入二〇一五年一月新星出版社印行的流沙河《晚窗偷得读书灯》和二〇一七年十二月以"文汇出版社"名义在成都"印刷装订"的流沙河文集《游心于艺》等书中。就文本的可靠性来讲,还是收入二〇〇六年十月上海文艺出版社印行的《巴金纪念集》的值得信任,这个文本直接用《文汇报》初刊本编入。

流沙河《代挽联赞先生》首先抄录他自己在巴金这年生日前应"四川省作协巴金文学院嘱"而"欣然吮笔调墨"书就的"贺寿"联文,为:

> 乘激流以壮志抛家,风雨百龄,似火朝霞烧长夜。
> 讲真话而忧心系国,楷模一代,如冰晚节映太阳。

这部《巴金纪念集》将流沙河此千字文放在"评说"辑中,是有道理的,文章真的就以"评说"巴金对自己的影响巨大来着笔的。前两个自然段通过对自己撰书对联的上联剖析来"评说"巴金《家》对自我青年时代的巨大影响。除了影响大的《水浒》让青年流沙河读后"得共鸣之痛快",再一部文学作品就是巴金的《家》了! 流沙河读完巴金的《家》,"恨不能一把火烧掉旧社会",——"那真是神圣庄严的阅读,人一生只能有那一次"。后两个自然段流沙河"评说"在"文革"后巴金复出就"以其《随想录》呼吁讲真话",还回忆"当年作家理事会上,票选巴金先生为中国作家协会主席"的"热烈情景"。流沙河向已故的前辈巴金表态:"晚辈不才,不敢说自己也讲了真话。但是敢说,我要力求做到不讲假话。万一讲了,也要知耻脸红,现尴尬态,让听众明

乘激流以壯志抛家風雨
百齡似火朝霞燒長夜

講真話而憂心繫國楷模
一代如冰晚節映太陽

讚巴金先生聯　流沙河

零五年九月先生逝世前

流沙河应巴金文学院之邀写的赞联，在二〇〇五年九月
巴金去世后改为挽联

白我在讲假话。"

千字文之最后一句是郑重的宣誓:"果能如此,庶几不愧对巴金先生从此远去的背影,纵然写不出像样的作品,都可以过关了。"

流沙河千字文《代挽联赞先生》是一篇很重要的文章,但收入《游心于艺》中的此文,漏字好几处,甚至一次漏掉二十多字,导致句意读不通。错别字也有,如"轮奂"误为"轮换"。还有全不明白什么意思的,如倒数第二自然段末尾的"日月跳丸,于领导二十年矣",——原来用五笔录入时将"于今"弄成了"于领导"!

考察"流沙河与巴金",还有一首六十六行的新诗《〈家〉的作者》,应该细细研读。《〈家〉的作者》初收于一九八三年十一月四川人民出版社印行的流沙河诗集《故园别》一书中,当写于一九八○年前后。这首不短的新诗除了诗意地转咏巴金《家》所描述的关键内容和著名情节外,仍是崇仰地向巴金表达了自己的致敬:

> 我从你的《家》中跑出来
> 一代人从你的《家》中跑出来
> 外面有激流在喧哗
> 外面有阳光在唱歌
> 　有翻动九州的风
> 　风在呼唤
> ……

太阳照亮了你

我们终于发现

你是金

　　金中的金

　　人间最美丽的金

谁能统计出来

你的《家》点燃过多少读者

使他们黑铁紫铜烧成了黄金

这诗的末尾写到如今：

可敬的夸父，你老了

但你依然向着东方走去

　　向着海潮上的红日走去

一步一回头

用你诚实的眼睛

透过深度的镜片

望着来者

望着我们

　　流沙河与巴金一共见过几次面、他谈及巴金的文字还有哪些等，随着研究的深入会有明确的答案。巴金让流沙河感念不已的，是巴金不仅写文章大力提倡讲真话，连与同行或朋友见面也时时不忘身体力行地讲真话。已是八十四岁的老人，还要相信来人恭维自己"脸色很红润,非常健康",岂不是痴人信梦! 流沙河以"笑话"形式庄重地记下不足百字的《巴金不受谀》,对后世读者功莫大焉。"讲真话"需要付出代价,流沙河承认自己也会免不了讲假话,但他又立即正告自己讲了假话要"知耻脸红",这就叫境界。作为四川人,作为川籍作家、学者,我们为拥有巴金和流沙河这样的文学大家而自豪。

《家》的作者

流沙河

那是一座鬼魂蹀躞的大院

中庭有老树遮天蔽日

晚鸦归自北郊

绕巢盘旋乱唱

蝙蝠低飞

叼一个沉沉的怪梦

北堂上老太爷在咳嗽

天花板上是鼠的乐园

园亭里四爸五爸在玩小旦侑酒

假山瘦嶙嶙如骸骨的石化

觉民觉慧琴表姐在划船

哼一曲流泪的《满江红》

池塘里浸着一轮幻月

幻月中有一个丫环在哑哭

冷蛇爬上寒枝

惊起一窠睡鸟

而在北郊的穷山上

海滨堰的佃户

二台子的佃户

忧愁明日用什么去交租

一夜不眠

须发尽白

我从你的《家》中跑出来

一代人从你的《家》中跑出来

外面有激流在喧哗

外面有阳光在唱歌

　　　有翻动九州的风

　　　风在呼唤

那是一座真正的凶宅

你的家　你的《家》中的家

成都的老街坊至今还在说呢

东珠市街李家花园

一个"书香门第"

门口挂着金字楹联

"国恩家庆""人寿年丰"

说你从那里跑出来

　　　从那两扇黑漆大门里跑出来

门前一对石狮目送你的背影

你是李家的"逆子"

不肯回头

乘船浮大江而东去

东方快要亮了

东方将有红日涌出大海

哦,黑夜给你一双黑色的眼睛

你却用它去寻找光明

太阳照亮了你

我们终于发现

你是金

金中的金

人间最美丽的金

谁能统计出来

你的《家》点燃过多少读者

使他们黑铁紫铜烧成了黄金

五十年的流云匆匆过眼

你的黑发换回满头白金

反映着阳光

星星地闪射

可敬的夸父,你老了

但你依然向着东方走去

向着海潮上的红日走去

一步一回头

用你诚实的眼睛

透过深度的镜片

望着来者

望着我们

评杜谷《泥土的梦》

　　成都的著名新诗月刊《星星》，一九八三年出版的十二期每期都有流沙河的连载文章，总题名《写诗十二课》。第九"课"叫"组象"，谈新诗创作时的"赋象"组织技巧。这一课的"讲义"后面，"附录"了杜谷的《泥土的梦》全诗。按照流沙河写出的"定义"："象是用来表意的，意是用来组象的。脱离表意去组象，象再好，也是没有意思的游戏；放弃组象去表意，意再好，也是缺乏趣味的啰唆。"这些绕来绕去的说辞，真懂诗创作的人一看就会笑而不论。因为，此类议论哪怕合情合理最多也只能"仅供参考"，无法据此来"指导"写诗的。但在这一课"组象"中，流沙河对具体诗作的剖析，是值得读者认真揣摸借鉴的，仅举评说杜谷《泥土的梦》相关文字为例。

　　流沙河认为："四十年代诗人杜谷写的《泥土的梦》从头至尾密密麻麻全是意象，象趣很浓，当是佳作。泥土盼望怀孕（播种），这个意念把一大群意象按照时间序列紧绷绷地串组起来。早春，泥土的梦由'黑腻'而'绿郁'，梦见灌木丛林，梦见繁花，梦见果实的酒香和稻粒的金色，并在梦中听见镰刀声、风车声、水磨声、河声,听见牛鸣、鸟歌、鹅曲。春分过了,太阳回归北温带,'用金色的修长的睫毛'给泥土'搔痒'。写到这里,泥土显露出女态来,在梦中让春风吹她的乳房、长发、裸足,吹卷起她那'印花布衫的衣角'。暮春,雨水'以它密密的柔和的小蹄'亲吻着摇拍着抚摸着泥土。"分析到这里,流沙河抄录了他见到的那个文本《泥土的梦》的最末四行:

> 泥土从深沉的梦里醒来
> 慢慢睁开它美丽的大眼
> 它眼里充满了喜悦的眼泪
> 看,我们的泥土是怀孕了

　　流沙河抄完这四行诗,接着又分析:"明明是诗人在盼望泥土怀孕,热切地盼望着。但是他不用大我腔加表态状直接呼吁:'泥土泥土,你快快怀孕吧!'他敬爱泥土,如儿子敬爱母亲,所以他把自己隐形,而让泥土妈妈自己到梦中去盼望怀孕。他把热切的意念捏藏在握,不给人看,而去记忆之仓冥搜意象。搜得许多,择其亮丽者,用握着的那条线把它们串组起来。这一大群意象不是随便拼凑到一块来的。它们是按照季节时令的顺序,即按照时间序列串组起来的。"分析之后,流沙河开讲他的理论:"我把这叫作纵向组象。纵向组象便于掌握,初学者宜采用。纵向组象容易形成平铺直叙,也得设法避免才好。"
　　流沙河这儿展开后的理论述说,不知道《泥土的梦》的作者杜谷读到过不,估计杜谷会对他熟练使用的"诗技"却被流沙河定为"初学者宜采用"有些不太能愉快接受。但流沙河真是喜欢杜谷的这首《泥土的梦》,这一讲往后没过多远,流沙河再一次具体欣赏地写道:"在《泥土的梦》里,一个梦紧跟着一个梦,一个意象咬着一个意象的尾巴,鱼贯而来。梦中听见声音了,一个声音紧跟着一个声音,悠扬而至。接着是太阳、春风、春雨相继出场,泥土的梦遂以怀孕而告醒。一系列的意象如平缓的流水,自然容易接受。作者串组意象的那个意念又非常明白,非常具体,不会发生歧义。这些因素使《泥土的梦》在四十年代的大后方广为流传。"

在《写诗十二课》的这一"课",主要讲一种"写诗"的技能即"组象",但流沙河忍不住他对杜谷的《泥土的梦》之赞赏。我敢说,在分析杜谷《泥土的梦》的所有文章中,能如此简明而又透彻地把这首诗之特征说得如此生动的,无出其右。因为,流沙河本人就是写诗高人,他的鉴赏能力,真不可小视。

这一首《泥土的梦》的作者杜谷比流沙河年长十岁,写此诗时年仅二十岁,真该说杜谷是"早慧的成熟诗人"!这首《泥土的梦》一共三十五行,在一九四一年九月的《七月》初刊时分为九节,用空行分开。流沙河引用的全诗,不是初刊本,但不影响分析。

"也访"周克芹

北京《中国妇女报》一九八四年十一月十四日发表了记者钟音一篇"访问"文章，是访问当年正"走红"的四川小说家周克芹的，"访问记"文章的题目就叫《周克芹和他妻子》，谈到了周克芹曾与他的妻子"闹离婚"一事。为了增强文章的"可信性"，这篇"访问记"专门引用了周克芹向记者钟音"说"的一句话："过去，我们夫妻有过一段不愉快的日子，主要是我的地位变了，思想有了变化，……"

就住在四川省作协宿舍同幢同单元六楼周克芹楼下的流沙河，十天之后才见到钟音的《周克芹和他妻子》。一读到钟音的"访问"文章，流沙河就禁不住对"访"周克芹文中"引用"的他"说"给记者的这话大为惊讶，流沙河"心中有怀疑"。五十三岁的诗人流沙河立即"更上一层楼"，他要去"也访"周克芹！并立即在"也访"后写了一篇"也访"的文章，题目就叫《也访周克芹》。这篇"也访"的文章不长，重要内容照录如下。

就我所知，周克芹为人端肃，操行朴素，曾经同妻

《每周文摘》转摘流沙河文章的刊件

子吵架，确实骂过"我和你离婚"的话，造成不良影响。但是这和"地位变了""思想有了变化"能够随便挂上钩吗？这样上纲上线，行吗？据作者钟音说，这话是周克芹亲口说的。我心中有怀疑，便在十一月二十四日晚间带着这一篇文章去访问周克芹。入门一问，才知道他已气病在床上。我指着文章内的那句话，问："这是真的吗？"

"什么真的！我从来没有对任何人说过那句话，那是作者钟音偷偷塞进去的！"他气得声音都颤抖了。接着他又说："钟音确实来采访过我，可是我没有说过那句话，也没有说过类似的话，因为我没有那样的思想，真实情况不是那样的。钟音写的那篇文章，发表之前，给我看过。当时上面没有什么地位变了思想变了的话。不知道为什么发表出来就有了。你说怪不怪!"

确实太怪了。

我在这里也不妨臆想一下:不弄一个陈士美①出来,哪有什么新闻性可读。钟音这样明一手暗一手,是不是想要生拉活扯制造一个回头的陈士美出来做典型,以便证明过去围绕着周克芹制造出来的所谓舆论都有道理呢?唔?

上面照录的四百多字中,有这么几句:"我心中有怀疑,便在十一月二十四日晚间带着这一篇文章去访问周克芹。入门一问,才知道他已气病在床上。我指着文章内的那句话,问:'这是真的吗?'"这段话中描述性质的,有情节细节的写实,要进行实证,真就在流沙河私人记录上找到了相关"证实"。原来:流沙河与周克芹见到的钟音《周克芹和他妻子》,都并非《中国妇女报》上的原刊文章,而是当时发行量极大的《每周文摘》转载的。摘要转载钟音《周克芹和他妻子》的,是一九八四年十一月二十四日的《每周文摘》。流沙河次日即二十五日,在私人记录中写道:"夜周克芹来。昨日《每周文摘》载一文踩他痛脚。他很生气,我劝他开朗些,生气值不得,可循正式途径去更正。"此处"踩他痛脚"是四川方言,意即专找别人的痛处来大讲特讲。

读"夜周克芹来"次日即二十六日流沙河的私人记录,他觉

---

① 原文如此。应是"陈世美"之笔误。——编者注

123

「也访」周克芹

得自己可以实实在在马上就着手的"正式途径",只有一条,即写一篇文章"去更正"。这天"下午",流沙河已在"抄改《也访周克芹》"了,是"为他辟谣的"即为周克芹辟谣。流沙河自己把钟音"访问"文章中引述的周克芹"说"的话,直接定性为"谣言"了,他要写文章专门"辟谣"。这专文,就是上面抄录了四百多字的《也访周克芹》。

写完《也访周克芹》,流沙河应该是重抄或用托蓝纸复写了若干份,分别立即"寄沙汀,寄唐达成,寄《文学报》,寄《成都晚报》"。这里被流沙河寄文章的两个人和两份报,都是那些年事关紧要的关键人物和报章:沙汀不仅是四川省文联和作协的主要领导人物,而且是大力支持周克芹文学事业的核心人物;唐达成在中国作家协会工作,是主管全国作家的知心领导;《文学报》是周克芹、流沙河这类文学家都很信赖的专业性质国家级大报,《成都晚报》发行量大且在成都地区家喻户晓。很快,流沙河的《也访周克芹》的主要内容,就被《每周文摘》类发行量很大的大众报刊转载。

很不幸,年仅五十三岁时,周克芹因病盛年英逝。流沙河含泪写了挽联,联文照录如下。

克己献身岂止长篇鸣后世

勤笔致瘁哪堪短寿哭先生

挽周克芹　克芹本名克勤

流沙河

克己獻身豈止長篇鳴後世

勤筆致瘁哪堪短壽哭先生

輓周克芹

克芹本名克勤

流沙河

流沙河挽周克芹手迹

稍后,流沙河又为周克芹的墓碑题联,联文仍照录如下。

重大题材只好带回天上

纯真理想依然留在人间

四川小说家周克芹墓碑

在周克芹去世一周年时,流沙河在成都《家庭与生活报》上发表了《写在克芹周年忌日》,这篇短文仅一千字。《写在克芹周年忌日》像《也访周克芹》一样,全文仍在为逝者抱不平。如文中流沙河认为周克芹"是天生的小说家,最宜伏案做白日梦,原非宦海雄鸥"。流沙河甚至在周克芹逝世四个月前"面谏党组:'请免掉周克芹副书记的职务!'当然不起作用"。流沙河"实写":"彼时正书记吕红文喜得好联手,而工作又孔棘,岂肯自断左臂?他俩皆是顾党不顾身的硬汉,白丁劝,劝不回。我似乎看见了古典悲剧的必然性。周既往矣,吕将何之?"流沙河这篇《写在克芹周年忌日》的短文,是针对王蜀华发表文章批评周克芹"不屑体检"导致英年早逝,流沙河认为王文"具有责贤的善意,我不敢喷痰"。流沙河写这篇文章的真实意图,待考。

为《致橡树》说话

　　流沙河认为舒婷一九七七年写的新诗《致橡树》，似乎是有意在一百多年之后给惠特曼的一个回答。流沙河觉得一些"偏爱探幽索隐"的读者"一口咬定"舒婷这首《致橡树》"是情诗"，接下来就去"找男方，不是张三便是李四，飞短流长，实在无聊"。流沙河怂恿"偏爱探幽索隐"的人真是"要这样揪，干脆去揪惠特曼吧"，因为在一百多年前惠特曼活着时就是"老鳏夫"，"恰好"。

　　在流沙河这儿，一百多年后青年女诗人舒婷写的《致橡树》，是回答一百多年前惠特曼写的那首诗，题目有些长，连同全诗正文抄录如下。

　　　　我在路易斯安那州看见一棵常绿的橡树在生长

　　　　　　　　瓦尔特·惠特曼

　　　　我在路易斯安那州看见一棵常绿的橡树在生长，

　　　　它孤零零地站着，苔藓从树枝上纷纷垂下，

　　　　没有任何一个同伴，它在那儿生长着，

　　　　发出深绿色的欢乐的叶片，

而它的外貌，粗野、挺拔、健壮，使我想到我自己，

但我感到奇怪，它独自站在那儿，身边没有一个朋友，怎么竟然能够发出欢乐的叶片，因为我知道我就办不到……

然而它对我仍然是一个奇妙的象征，它使我想到刚毅的爱……

十九世纪的这位美国诗人惠特曼，全名就是诗题下面的署名瓦尔特·惠特曼。流沙河分析惠特曼诗中的这棵橡树就是惠特曼自由魂的投影，"惠特曼的橡树就是惠特曼他自己"。

欲贬先扬，流沙河先说"《致橡树》可以是爱情诗，女赠男的"，但立即调转笔头："也可以不是。仁者见仁，智者见智，不宜说死。"倘若一定要说《致橡树》是"女赠男"的"爱情诗"，如前所引，就是舒婷用这首《致橡树》"回答"一百多年前惠特曼《我在路易斯安那州看见一棵常绿的橡树在生长》那首诗的。这，又把具体的"女赠男"中的一方"男"完全给虚化为无了！扫清这一层障碍后，流沙河直抒己见地开始为舒婷这首《致橡树》"说话"。

流沙河写道："舒婷的这棵橡树也可以是祖国。《致橡树》表达的也可以是一个诗人对祖国之爱。撇开这一层不说吧，爱情诗也可以有具体的对象，也可以没有。没有具体的对象，难道不可以去爱一个理想的心象（image）。"他还来一个夫子自道式的坦白，"这样的爱情诗我也写过。我不认为这中间存在着道德问题"。在排除了舒婷《致橡树》是写给某一个具体男人的可能之后，这里又排除了一个关键障碍，即写爱情诗与道德无关，即不

能把尘世道德观生硬地用于阅读和评说爱情诗。那么，该怎样读爱情诗呢？

流沙河从两个侧面，来谈这个问题。一个侧面，就是读爱情诗时要在"情真"和"理善"以及"象美"上多用脑子，警告读者不要读到"诗外"去了！因为"古人只说过，做诗'功夫在诗外'，似乎没有说过，读诗也要到诗外去做功夫"。为了彻底击倒"探幽索隐，飞短流长之类"的人，流沙河来了一段"现场记录"："舒婷为人严肃，性格刚毅，与人争论起来，半步不让。三年前在北京有一夜她与我争论到凌晨一点，毫无倦容。看那模样也是一棵橡树，……岂止不像擅长攀援的凌霄花，也不像披满了大红花、一生不识霜雪的木棉。"

至此，流沙河自己感到他对"探幽索隐，飞短流长之类"的臆说已完成了反驳任务。作为诗评家，流沙河严正指出《致橡树》这首诗在语言运用上"小毛病还多"，他只举"分担寒潮、风雷、霹雳"和"共享雾霭、流岚、虹霓"两行骈句"只顾对仗好听，不知雷即霹雳，霭就是岚"。最末，流沙河摆出"以前当锯匠"的老资格，对"橡树"作一个准确的常识介绍：橡树属于"山毛榉科"，高达二十公尺即二十米以上，生于山丘，江南多有之，木质特硬。本来，当年的"锯匠"流沙河恨透了"橡树"这一类难以锯成木板的树木，但读了舒婷的《致橡树》，他"不敢再恨"橡树了。赞美舒婷《致橡树》的力度，可谓大矣！

以上的主体内容，源自流沙河的《读舒婷〈致橡树〉》，初载一九八四年第十一期《四川青年》，似乎没有收入流沙河的任何文集单行本中，不妨由我当一回文抄公。

流沙河对舒婷《致橡树》的解读，在舒婷这里，也得到了佐证。一九九八年底，在第四届中国当代女性文学研讨会期间，回答来访者时舒婷公开表明《致橡树》"不是通常意义上的爱情诗，而是表达爱情观点的诗"。舒婷认为：女人也是人，为什么在爱情上总是被迫围绕着男人的需要来适应他们？参见一九九九年一月七日天津《今晚报》副刊发表的于彩芹《舒婷说：写〈致橡树〉是为了辩论》一文，于文又被转载于一九九九年五月四日的《作家文摘》第九版。

说徐志摩

二〇一六年十二月十三日,流沙河在成都长寿路家中为再版的"增订本"《七家诗选》自家一辑写下"叙"文《我为什么离开新诗》,回顾从二十世纪四十年代到八十年代结束的新诗写作历程,称"回头看看旧作,自愧不好意思","想起从前读徐志摩、戴望舒、闻一多、艾青、绿原、余光中,多么激动。还是很惊讶,为何他们的许多金句,至今我老了尚能背诵出来"。在这里,徐志摩排在第一位,可见其对流沙河诗歌学习与写作的影响不一般。

为"初学者入门"而写的《写诗十二课》,先后在一九八三年的《星星》《四川青年》连载,于一九八五年五月成书,由四川文艺出版社出版,其中多处谈到徐志摩诗歌的写作技法。

该书"起头"一节中的"六曰倒起"举《再别康桥》一诗为例——

> 逆流而上,谓之倒起,即用倒叙起头。例如徐志摩的《再别康桥》的第一段:"轻轻的我走了,/正如我轻轻的来,/我轻轻的招手,/作别西天的云彩。"作者已经"招

手""作别""走了",人不在康桥了。可是从第二段起,他又回头细写康桥景物,好象还在那里留连着呢。到第五段,干脆落实,说自己尚未走,还在康桥划船,"撑一支长篙,向青草更青处漫溯;满载一船星辉,在星辉斑斓里放歌"。至此我们终于明白,作者是用结尾做了起头,这是倒起。倒起运用得好,能使阅读者在循环往复之中,感触到光阴的流转和环境的变迁,从而平添趣味。运用得不好,会造成时空错乱,使阅读者糊涂。

该书"结尾"一节中的"三曰环结",又举徐志摩《再别康桥》一诗,指出"徐志摩的《再别康桥》妙在画圆":

> 头尾两段的格局和意思都相似,字句略有不同而已。结尾回到开头,画一个圆,遂使踟蹰之情态毕现。读者可知道踟蹰的语源?踟蹰者蜘蛛也。蜘蛛结网,不停地绕圈子。名词的蜘蛛动词化了便成踟蹰,意思是在原地绕圈子,正与画圆吻合。不过这首诗思想很浅薄,从前的人给它评价太高了。

讲完技巧后"顺带"的这句"不过这首诗思想很浅薄,从前的人给它评价太高了",耐人寻味。这表明在学习前辈诗歌技法的同时,对其思想内容,也要有自己的理解和鉴别。对于初学者而言,关注诗歌的内容、了解不同的评价,进而作出自己的判断,这也是诗歌乃至文学创作与欣赏的基本能力。

作于二〇〇〇年的《詹詹草》之"四四"中，流沙河记下自己为海宁徐志摩故居纪念馆题联一事：

> 诗人徐志摩故居纪念馆来函索字，便写一联寄去。上联："天空一片白云高，先生你在。"用其名作《偶然》中的"我是天空一片云"句。下联："海上几声清韵远，后学我思。"指其名作《海韵》令我难忘。今有电视剧《人间四月天》厚诬诗人，竟以流氓的想象力瞎编出台词云："梁思成可不是我的对手！"瞎编者生下来就未见过任何一位gentleman，以为徐志摩的想法同他自己相去不远。不然写不出这一句台词。

此则"詹詹草"借当时影响甚大的电视剧中的"瞎编"台词，表达了流沙河对徐志摩人生格调的肯定，甚至是赞扬——徐志摩不可能有如此流氓式思维或言语，他似"白云"之高，"清韵"至今犹存，至少是一位值得称道的绅士！经历了非理性之折磨的流沙河，当然不希望让徐志摩等诗人受到如此无端的羞辱，以"流氓的想象力"来回击，客观理性、恰如其分。

在日常生活中，流沙河也不时从徐志摩等诗人的诗作中汲取智慧。二〇一一年出版的《Y语录》之"一六〇"，以徐志摩《偶然》第七行讽刺社会上某些人的虚伪心理，用得很是文雅而巧妙：

张白嘴说："去年给你祝寿，我想预订一个生日蛋糕,直径两尺,用奶油凝一句汪国真诗。哎,工作一忙,就忘掉了。"

Y先生说:"明年给你祝寿,我要送你一个生日蛋糕,比圆桌大,用奶油凝一句徐志摩《偶然》第七行。"

张白嘴回家查徐志摩的诗集。《偶然》第七行:"你记得也好,最好你忘掉。"

青年流沙河读诗,记牢了徐志摩等诗人的"许多金句"至老"尚能背诵";老年流沙河谈诗,仍赞美徐志摩的诗句"情态毕现"。二〇一七年出版的《流沙河讲古诗十九首》,"第一讲:李陵苏武诗(其一)"中,讲到"诗贵含蓄,它不是把这一对朋友的离愁别绪直接说出来,而是用眼前的物象表达心情,这才是诗"时,举出了徐志摩的《偶然》:

这种手法,古今诗人是相通的,比如徐志摩写的《偶然》,就借用两艘航船:"你我相逢在黑夜的海上,你有你的,我有我的,方向",表达的也是同样的情绪。

流沙河笔下出现徐志摩的《再别康桥》《海韵》《偶然》等诗作,但影响他的远远不止这有限数量的作品。通过对电视剧中台词的批评、为徐志摩故居纪念馆题联的评价及诗歌艺术性的解构和分析,虽无专门讲解,但亦能得出徐志摩对流沙河的诗歌乃至人生有较大的影响。

这种影响既有个人层面的情愫,亦有职业层面的原因。流沙河生于一九三一年十一月十一日,徐志摩罹难于同年同月十九日,还在襁褓中的流沙河在这与徐志摩同一个世界的八天时间里,不可能诗歌交集。不过,在二〇〇九年七月青岛出版社出版的《晚窗偷读》中的《流沙河自传》从侧面梳理了两人或流沙河与新诗之间的"关系"。流沙河读小学时便"梦想做一个诗人",十三岁读中学时对新诗有了很大的兴趣,直至一九五五年即二十四岁时,诗《寄黄河》发表后"稍有好评,乃努力写诗","写组诗《在一个社里》发表后又稍有好评,便写诗愈勤。此后才走上了写诗的轨道,仍做创作员。几个月凑够了一本,交给重庆人民出版社。第二年即一九五六年出版了,书名《农村夜曲》,现在读了很惭愧"。一九五六年秋天参加《星星》诗刊筹备工作,一九七九年平反后重回《星星》诗刊做编辑,为诗歌爱好者讲诗,甚至到老年时期仍然在为读者解读中国诗歌。这样的经历就让流沙河与徐志摩有了不解之缘。

以虫以狗喻己

　　无论是公开发表的文章包括诗作、研究等，还是私人交往的便条、书信等，流沙河都爱动用比喻。平时聊天，他也喜欢"打比方"地闲谈。这就往往使得他的文字充满了可读性、他的说话充满了可听性。也因此，不管任何场合，只要流沙河一入场坐下，总有几个"走得近"的或老或少的友人移动座位，悄悄地往他身边靠拢，没话找话地跟他东拉西扯。但是，不管话题雅俗，双方都会越说越热闹，绝对不会冷场。流沙河还有一个大本领，你的话题是庸俗的，他三下五除二，不到三五分钟就把它引向到高雅趣味上去。这样，大慈寺持续十多年的"周二上午茶聚"和流沙河搬家到长寿路名仕公馆家中的"周日茶聚"，才会一直那么久不间断，刮风下雨也阻断不了。这是中国语言口述表达史上一个奇迹，不知将来会不会有人来研究"流沙河语言的魅力"这个大课题。

　　见到流沙河两封书信手迹，是典型的"打比方"，是熟朋友间的严肃话题儿戏化的"流沙河式表述"，作为素材予以公示。本来也是在公开的地方才见到的，算不得"首发首刊"。

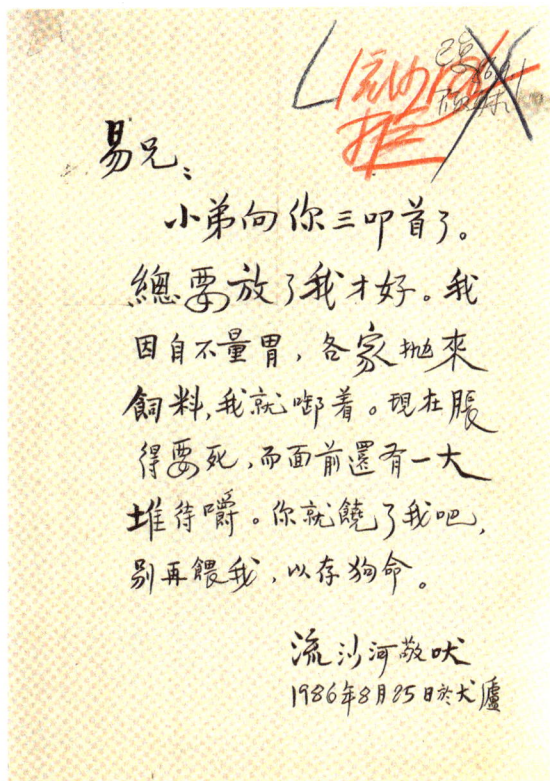

流沙河致易显仁的书信手迹

细细辨认孔夫子旧书网上一封流沙河写给"易兄"的书信手迹，写信年月日被大红黑体字网名网址遮住了，可隐约看出好像是写于一九八六年八月二十五日的书信，释文如下。

易兄：

　　小弟向你三叩首了。总要放了我才好。我因自不量胃，各家抛来饲料，我就衔着。现在胀得要死，而面前还有一大堆待嚼。你就饶了我吧。别再喂我，以存狗命。

流沙河敬吠

一九八六年八月二十五日

　　为核实这封书信受信人的全名，查阅流沙河的私人记录，得知就是当时家居还属于金堂县的城厢镇内的易显仁。感谢胡仁泽先生拜托有关户籍工作人员走访，原来易显仁就住在城厢镇坚强巷，是流沙河当年所住院子背靠背相连的邻居。易显仁，一九四四年出生，是跑运输的卡车司机，爱抽烟喝酒，不到六十岁就去世了。流沙河私人记录一九八一年一月二十一日曰："下午易显仁代运香肠100斤来，编辑部要何洁在城厢镇买的。"当流沙河脱离《星星》编辑部之后的一九八六年秋初，这个易显仁又照例给流沙河家中带去食物。从书信中推测，是易显仁托人将食物从城厢镇运抵成都面交流沙河的。这样，才有写这封书信的可能。流沙河和何洁都是广交朋友的人，所以有"各家抛来饲料"的写实。这一封信上说的东西可以断定不是香肠，而是别的食物。中国书店"二○一七年春季书刊资料文物拍卖会（一）"印制的《故纸留声——书札手稿专场》拍卖图录第二○六号拍件是该封书信，解说中曰"此札系流沙河以戏谑口吻婉拒友人赠书"是毫无根据的。

　　全信都把自己比作狗："衔着"，表示不管谁送食物都一律笑纳照收；"还有一大堆待嚼"，食物多得吃不了；"别再喂我，以存狗命"，不要把我胀死了；"敬吠"，直接以狗来指称自己。

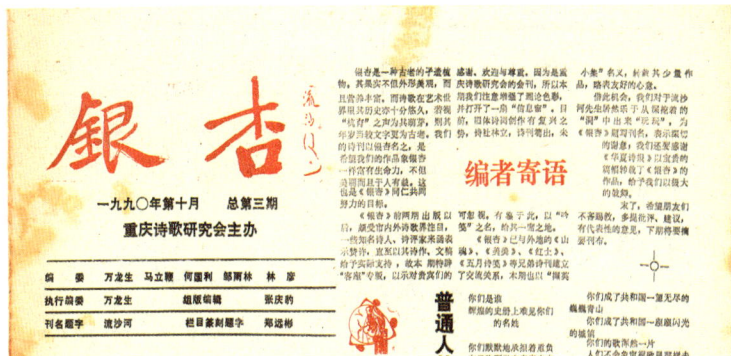

《银杏》刊头为流沙河书写

重庆诗歌研究会一九九〇年十月印行的《银杏》诗报总第三期,在首版右上方《编者寄语》中说"借此机会,我们对于流沙河先生居然乐于从深挖着的'洞'中出来'玩玩',为《银杏》题写刊名,表示深切的谢意",这里的表述让读者不知所云,怎么突兀地来了一处"深挖着的'洞'中"呢?见到该期《银杏》第四版以手迹制版刊发的流沙河一封书信方知究竟,这封信释文如下。

隆森先生:

信悉。蒙青睐港版《余光中一百首》,非常感谢。我自去年八月埋头《庄子现代版》书稿以来,等于改了行。目前已完成五分之三,正在爬行。约稿恐难应召。说个故事吧。

一只虫正在打洞,愈打愈深。洞外有人呼叫:"虫啊,你出来玩玩吧。"虫说:"我正忙呀。"人说:"出来三分钟也好。"虫说:"洞深,爬出去要三小时,爬回来要六

流沙河致万龙生的书信手迹

小时。"

流沙河六月十二日一九九〇年

　　这封信头一个意思,参照《银杏》的《编者寄语》,得知《银杏》不仅要流沙河题写报刊刊名,还要他供稿;写"银杏"两个字照办,"约稿"没有"应召"。没有"应召"的原因便是以虫自喻的整个第二段,这是这封信的又一个意思。

　　流沙河已仙逝,他留下的言论和文章就全是他对中国文化的贡献,我们这些后人只能充分理解,具有醒世价值的,我们就要试着努力实施。这条"正在打洞"的虫之说话,该是对所有志在文化创造的人的训告。也不必再往下空泛分析,反复诵读这一封书信正文第二段,它就是一则传世的经典寓言故事,如选入小学《语文》课本，可题曰《打洞的虫》。

　　文化建设，全靠点点滴滴积累，要锲而不舍地一辈子努力，方会有一点点成就。流沙河作为文化人，一生读写不辍，即便在二十五六岁被批斗的间隙，他一到书店仍然买下经典读物读得津津有味，真就是一条永远"打洞"的文化之虫即书虫呢。

一次即席发言

见到一封写给流沙河的书信,为当时任职于中国作家协会创联部内刊《作家通讯》的编辑陈国华所写,全信照录如下。

流沙河先生:

您好!

您在86年11月作协理事会做了精彩的发言,大家都觉得很好,会后我们根据录音整理成此文,原想排1987年《作家通讯》第一期,后因反自由化,这期《作家通讯》因此搁置。现重新编入《作家通讯》,因印刷经费等问题,拖延至今才出厂发行,延至今日,磨难多艰,深以为歉!

先生的讲话幽默中肯,很有针对性。我们整理时,特意请了一位四川同志帮助,不知有否出入,请谅!

谢谢先生的支持,盼再赐稿。多谢!

祝

新年愉快

创联部 陈国华 1.6

书信末尾只写了一月六日，但书信正文开头有"86年11月"和"1987年"两处阿拉伯数字时间的提示，这信写于一九八七年一月六日是可以确定下来的。一九八七年第一或第二期《作家通讯》发表的流沙河"精彩的发言"排在多人发言之中，自然没有题目。流沙河收到样刊就动手剪存了他发言的那一页，立即予以校勘的同时，还给这篇七百五十个字符的短文标了一个题目，正题为《自由批评与严肃交流》，用括号标示的副题为"1986年11月中国作协理事会上发言"。

　　具体是哪一天的上午、下午或晚间"发言"，查流沙河的私人记录，也找到了准确的"现场"细节，是一九八六年十一月六日上午，流沙河有"上午讨论发生争执（作家与批评家之关系），我发言赢得热烈掌声"的记录，该记录的末段流沙河再次据实载曰"今日即席发言之中肯"让"我很满意"。仍是据流沙河私人记录，这次中国作家协会理事会开了三天。

　　四川文艺出版社二〇〇一年八月印行的《流沙河短文》，所收"短文"第一篇就是《自由批评与严肃交流（一九八六年十一月中国作协理事会上发言）》。与流沙河对此文的《作家通讯》发表件勘订，应该说，陈国华等人"根据讲话录音整理"的该"短文"，质量上是很好的了。流沙河只订正两处"权力"为"权利"、改"吸取"为"汲取"、补一个"还"字、删去"老实说"的废话口头语、改"而这个"为"而且"。虽然用四川方言说话，但流沙河讲得有条有理。听过流沙河说话的人都知道，他是逐字逐词都吐字得口齿清楚，缓慢得让对方听得明明白白。陈国华们还"特意请了一位四川同志帮助"，当然更会得到流沙河本人的认可。

有了以上的查证，流沙河"亲自"拟定的该"发言"的副题可以在年月的后面再补入"六日上午"，让后人不再去费力费心"考证"了。为了让读者饱赏这次"即席发言"，也全文过录如下。

自由批评与严肃交流
——一九八六年十一月六日上午中国作协理事会上发言
流沙河

自由的探索来得不容易。尽管在五十年代初期，我们的第一部宪法已经给了文艺各种自由，包括探索自由。但是众所周知，这个自由从来没有充分地在我们国家的政治生活、文化生活、社会生活中实现，而且情况越来越不妙。经过千辛万苦，中国老百姓吃够了苦，中国知识分子吃够了苦，我们今天才有了自由讨论的权利，这一点我感到了幸福。

哪怕我们有了自由的探索，但是也要知道，自由本身不能当饭吃。自由只是给我们一个局面，给我们一个权利，并不足以给我们带来文学的繁荣，而且自由也有可能滥用。光有自由还不行，自由的探讨还必须同严肃的交流相结合，这样才有前途。为什么我要用"交流"两个字？我不愿用"交锋"两个字，也不愿意用"理论战线"这类词。所谓交流，就是异中有同，同中有异，彼此除开互相批评，还得有互相汲取的可能性。

我们今天这种状况，自由的讨论基本上有了，严肃的交流还远远不够。我们的许多批评文章一味地捧场，看了叫人发麻。而且风气还不正，有些人专门去请别人捧他。都说好，少说坏，不说坏。你还不能去批评。你认真批评，麻烦就会来了，他就要跳起八丈高，背后骂你，而且采取其他的方式对付你。这类事情实在是太多了，我们今天的批评根本上是无力的。我敢说一句话，我们的批评其尖锐程度远远不如台湾诗坛。但我们的批评就是在不尖锐的情况下，也经常引起轩然大波，这是什么原因呢？这就是我们真正的严肃的交流还没有实现。

我认为一切批评文章本身不能算棍子。哪怕这篇文章批评得极其过火，语言极其尖刻，如果文章的背后没有其他的东西，如果文章就是白纸印黑字，背后再没有行政或者组织措施，再没有其他的压力，我认为它不是棍子，而且不可怕。怕的是有一些看来没有火气的文章，但是背后有来头，有某种背景，那就很厉害。这个现象值得我们重视和深思，值得我们每个人回味。

自由批评与严肃交流

（1986年11月中国作协理事会上发言）

三封已刊书信

即便在流沙河生前，他写给别人的信已有相当数量被公开发表。流沙河给人写信、复信，全以工楷书之，字迹清秀耐赏，内容也典雅可颂。得到流沙河来信的人，都视为宝贝珍藏。二〇二三年成都酷暑难熬，又因为金陵老友宁文夫妇早入住北川烟雨溪避暑，忙完阶段内必做的事后，我急急赶往烟雨溪。在十多天凉爽的消夏之际，我在山溪旁纯朴如农舍的烟雨溪特设"开卷书坊"中闲翻了不少书。一日竟从公开出版的书中，发现并抄录了流沙河的三封书信。下面按写信时序，逐一介绍。

流沙河一九八七年一月三日致彭邦桢

邦桢先生：

蒙赐大作《清商三辑》，拜读已久，愚衷仰慕未已。典雅秀丽，国内尚未见过这样的诗。当今我们的诗，愈写愈粗鄙，年轻诗人尤甚。像你这样富有文化味的佳辞淳思，他们古董视之，多半啃不动也。就纯艺术而言，以为大作实有功于诗道人心。俟有机缘，当推荐之，其目的在教人明白，写诗得有文化味道才成。开放原是好事，奈何大声不入俚耳，闻折杨皇华则呵然而笑，尽去学些海外的粗鄙，予甚惑焉。读了先生的诗，增强了我对传统文化的信念，实在感谢。过两日将飞Manila 访问，短简未恭，先生谅我。

流沙河

一九八七年一月三日

这一封信，可与流沙河论及彭邦桢诗歌的其他文章片断参考着阅读。《清商三辑》是彭邦桢的一部新诗集。彭邦桢一九八七年九月中旬光临成都，流沙河下一封信就谈他接待彭邦桢的事。

流沙河一九八七年九月十七日致凌文远

文远先生：

彭君已于昨日飞西安了。今日敬悉大兄来信，立即报告如下。

九月十日去宾馆拜见彭君，参加座谈。有陈学群、李维嘉、刘传弗、钟树梁、李华飞、阳云伉俪、唐大同、孙静轩诸同志在座。彭君健谈，主题是如何融合传统与现代。晚宴后散。十一日晨，弟与李华飞以及阳云伉俪陪彭君去广汉。接待隆重，宴席丰腆，彭君招架不住。至此弟有机会与彭君促膝畅谈，直到夜深。十二日雨，参加县上主持以筹备覃子豪纪念馆为议题之座谈。彭君怀故友，目眶湿润。十四日返成都。十五日下午彭君独自莅敝舍，与弟畅谈入夜，非常快乐。聚毕，强拉他去乘公共汽车"体验生活"。上车即被扒去裤袋内之通信录与美国老人证，彭君大恐，又被推挤窒息，乃中途下车，陪他步归宾馆。彭君一路叹气，最后说是"一段佳话"。翌日送行，我就未去了。彭君给弟留下极好印象。谢谢大兄的介绍了。大兄保重吧。

流沙河

一九八七年九月十七日

这一封信中的史实信息太丰富了，值得细细考读。

以上两信，未见到手迹，以排印形式见之于《月是故乡明》下册第七〇二至七〇三页。《月是故乡明》，凌文远著，重庆出版社二〇〇九年三月印行。

第三封信，是写给时任《四川工人日报》的副刊《蜀锦》编者徐建成的，录自二〇一七年八月团结出版社印行的徐建成文集《晒太阳的人和岁月》一书，全信很短。

流沙河一九九三年八月七日致徐建成

建成先生：

　　索字寄上。"蜀锦"二字，缩小用可也。题词一句，请勿在我头上"戴帽子"。如果非戴不可，请戴"诗人"二字足矣。

　　暑安。

流沙河九三年三伏日

三封已刊书信一

　　这封信,最值得关注的是,流沙河叮嘱徐建成如要在"题词"旁注明题词者简介即流沙河戏说的"在我头上'戴帽子'","如果非戴不可","'诗人'二字足矣"。可见,"中国当代诗人"这顶帽子,流沙河自认为他这一行是摆不脱的一个文化身份认定。这封信的写信日期,流沙河写"九三年三伏日"。但查核了一下,流沙河给徐建成写信并遵嘱给《四川工人日报》副刊题刊名,都是在这年"三伏日"的次日,即八月七日,以实际写信日子为准。

《了啊歌》的手稿

　　被公认为流沙河告别新诗创作的最后一首诗《了啊歌》,最早收入一九八九年十二月由广州的花城出版社印行的诗集《独唱》中,这是流沙河新诗创作最后一个自编诗集,共收新诗作品四十九首,《了啊歌》为压卷之什。

　　这首风格别致的定稿《了啊歌》共分五节,头四节均四行,最末一节有七行。严格说来,最后一节的七行只能算五行,因为后三行其实是一行,因韵律和形式上的需要,这一行十个字"短得只剩橡皮擦子了啊"分而为三:

> 短得只剩
>
> 橡皮擦子
>
> 了啊

　　这种把一句硬扯扯地分开,类似于徐志摩新诗名篇《再别康桥》中的"……是天上虹/揉碎在浮藻间"这种硬性分行法。《独唱》诗集所收《了啊歌》诗末写的"1989.5.16.中国愚人节订正"和一九

收有《了啊歌》的流沙河诗集《独唱》封面

九五年以手迹刊在《华夏诗报》末的"一九八九年春作 一九九五年春钞",这两处该诗写作、修订时间都是虚拟的,用意是什么,只有等见到了流沙河相关述说才知道。找见了六份不同的该诗作者手稿,有三处当时署明的写作时间,两处为"1988.5.30",一处为"1988.5.30.深夜"。也就是说,这首《了啊歌》是一个整天中白昼夜晚连写了六稿,才成功的。下面,对六份手稿略作介绍。

最初的手稿上不是《了啊歌》这个题目,而是《感伤》。这份初稿有点儿乱,是一时诗兴翻涌,流沙河赶紧写下来的。仔细辨认后整理出来,是如下这样的内容。

感伤

街上更拥挤了啊

城市更大了啊

楼房更高了啊

车辆更吵闹了啊

东西更贵了啊

照镜新白更多了啊

出门做(客)朋友更少了啊

诗愈写愈玄了啊

这时候才看清

自己原来是一支铅笔

没有写几个字

却被那岁月的快刀

愈削愈短了啊

　　手稿右下是写作年月日"1988.5.30.",完整的一首十三行的诗。手迹中"出门做人"不明白要说什么,不知是不是"出门做客"的笔误。"出门做人"原为"朋友",删去了"朋友"后添上"出门做人"。应该是笔误,如果是"出门做客朋友更少了啊",意思就通了。

　　就在上述题为《感伤》的此诗手稿的背面有一行诗句曰"酒宴愈摆愈阔了啊",当是流沙河灵感一现,准备补入下一稿中的诗句。果然,紧接着立即又写出十一行一首大体差不多的诗,不过没有题目,我们以"《感伤》二稿"来命名。

城景更繁华了啊

车声更吵闹了啊

楼愈修愈高了啊（厦）

老鼠更肥了啊

东西更贵了啊

鬓边新白愈照愈多了啊

这时候才看清

我自己原来是一支铅笔

字没有写几个

却被岁月的快刀

愈削愈短了啊

这首没有新题目实为《感伤》二稿的诗作的写作时间仍然是"1988.5.30."，与《感伤》初稿写于同一天的白昼吧。在这个"《感伤》二稿"下方，流沙河画了一根横的粗墨笔直线，与下面的文字隔分开后，用工楷大号毛笔书写带书名号的"《有感》"。题目改了，诗行也有新改的，照录如下。

有感

街景更美了啊

车声更闹了啊

宾馆愈修愈高了啊

家猫更馋了啊

东西更贵了啊

家鼠更馋了啊

知识更贱了啊

出书更难了啊

新诗愈写愈玄了啊

麻将愈打愈精了啊

礼品更厚了啊

人情更薄了啊

老友愈来愈少了啊

白发愈照愈多了啊

这时才看清

原来我是一支铅笔

刚刚写了几个字

却被蒙童削着好玩

愈削愈短了啊

短得只剩

橡皮

擦子

了

啊

这分为三节的二十四行诗改题为《有感》，题目之后仍是

《了啊歌》的手稿——

"1988.5.30.",自然也是这天白昼的出品。创作的兴致仍在持续,这天"深夜"终于把由《伤感》《有感》改来的《随感》,再改题为崭新的《了啊歌》,自此成为定稿的题目,整首诗再一次升华般地局部重写,也照录供赏。

（随感）了啊歌　　1988.5.30.深夜

市区更宽了啊

车声更闹了啊

筵席愈摆愈阔了啊

宾馆愈修愈高了啊

家猫更懒了啊

社鼠更馋了啊

麻将愈打愈精了啊

关系愈拉愈玄了啊

镀金更热了啊

看球更疯了啊

读书愈读愈穷了啊

写诗愈写愈空了啊

礼品更厚了啊

民风更薄了啊

故人愈来愈少了啊（死）

白发愈来愈多了啊（生）

这时候才看清我是一支铅笔

歪歪斜斜刚写成几个字

却被蒙童削着好玩

愈削愈短了啊

短得快剩

橡皮

擦子

了

啊

应该是次日上午,以上分为两节二十五行的《了啊歌》被流沙河进一步修改,分为五个小节,几乎就是最后的定稿了,照录如下。

了啊歌

大街更宽了啊

小车更闹了啊

宾馆愈修愈高了啊

筵席愈吃愈妙了啊

家猫更懒了啊

钟馗更累了啊

武松愈打愈小了啊

时迁愈偷愈贵了啊

礼品更深了啊

看球更疯了啊

读书愈读愈穷了啊

写诗愈写愈空了啊

礼品更深了啊

民风更薄了啊

故人愈死愈少了啊

白发愈生愈多了啊

这时候才看清我是一支铅笔

歪歪斜斜刚写了几个字

却被小孩削着好玩

愈削愈短了啊

短得只剩

橡皮

擦子

了

啊

　　对比"一九九五年春"的手写"钞稿",这第六份题为《了啊歌》的诗句,改动不太多,有第二节"钟馗更累了啊"的"累"改为"醉"、第三节"看球更疯了啊"的"看球"改为"扭唱",并把最后的"短得只剩/橡皮/擦子/了/啊"这四行缩为三行,弄成在语义上不

会分裂的句式,为:

短得只剩

橡皮擦子

了啊

包括前面提及过的一九九五年以手迹影印刊发在《华夏诗报》上的"钞"件,这首《了啊歌》的七件手稿,都没有写出标点符号,收在《独唱》诗集中的《了啊歌》也没有标点符号。

本文一开始就说过,这首《了啊歌》被普遍认为是流沙河告别新诗创作的最后一首诗,实际情况并不是这样的。在一九九四年三月下旬的一张北京《中国出租汽车报》第四版还见到流沙河这年三月二十日创作的一首《的士司机之歌》,也是以手迹形式影印发表的,共十一行。等凑足了材料,我们会有一篇《"离开新诗"后流沙河的新诗创作》贡献给各位,与大家分享包括《的士司机之歌》在内的真正意义上的一组"流沙河晚年新诗作品",不失为一雅也。

这信"杨冠李戴"？

在流沙河文化研究团队购存的纸质印刷品类文献中，发现一封流沙河短信，是写给"士非兄"的。好在这封包括标点符号在内也才仅仅七十个字的完整书信末尾有准确的年月日写作时间，而且书信正文中的"拙著能印三千册，真感谢你了"，可以据此来一番考索，弄出受信人"士非兄"究竟是何方神圣。

> 士非兄：
>
> 　昨已寄一信致余光中，告以尊意，并将大函末段钞上了，想无问题矣。拙著能印三千册，真感谢你了。
>
> 恭贺
>
> 　新春大吉
>
> 　　　　　　　　　　　　愚弟　流沙河
>
> 　　　　　　　　　　一九九〇年一月十九日

查核了流沙河著作的出版时间和印数，只有他最后一本诗集《独唱》对得上这封书信刚引用的那一句。流沙河诗集《独唱》

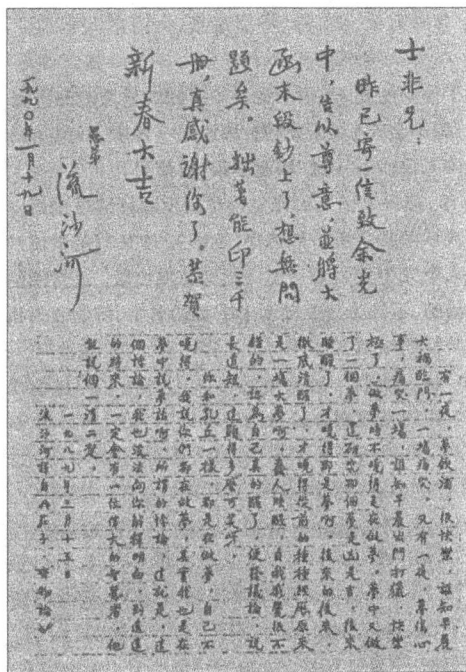

流沙河致李士非书信手迹

一九八九年十二月由广州的花城出版社公开印行，印数三千三百四十册。该本诗集的前勒口有"责任编辑"的登录，但不是什么"士非"，而是"杨光治"。我在四川文艺出版社就当过编辑二十五年，花城出版社有老熟人同行，请教了一下，对方果断地赐示："士非"就是曾担任花城出版社总编辑的李士非，一九三〇年五月出生，二〇〇八年五月去世，江苏省丰县人。这位老熟人同行还拍来李士非谈流沙河这封书信的一则短文，写于二〇〇二年三月四日，过录如下。

一九八九年，诗评家杨光治兄主持花城出版社诗歌编辑室，编辑出版了流沙河的最后一部诗集《绝唱》。他又写信请流沙河代约台湾诗人余光中先生编一部诗集交花城出版社出版。这封回信本是写给杨光治的，不知为什么却写上了我的名字，可能因为我主持过花城出版社的编辑工作并与诗人有一面之缘，流沙河一时疏忽，来了个"杨冠李戴"。感谢他的疏忽，使我有了一件值得珍藏的纪念品。我先是放在办公桌的玻璃板下，无公可办时又在家中书房的书桌玻璃板下放了很久，每天面对，百看不厌。这位才子，诗好文好字也好，你看他译的这一段《庄子》的《齐物论》，狼毫小楷，铁画银钩，刚柔相济，十分耐看，实在是一件难得的艺术品。

写作上述回忆时，李士非已七十岁，他所说的"杨冠李戴"并不是史实。仔细查核流沙河的私人记录，可以把这封书信的写作原因弄得一清二楚。

李士非真给流沙河写过一封信，"亲自"向流沙河通报《独唱》出版，印三千多"。在这封来信中，李士非总编辑请流沙河代花城出版社约余光中编一本诗集。流沙河收到李士非信后次日即一九九〇年一月十八日就把李总编来信中这个意思"抄上了"写给余光中的信中，马上投邮。再次日，即十九日就给李士非回复了该封书信。

李士非七十岁时"回忆"的那一段，是他依照出版社工作规范"应该这样"的样子，在他心中形成的"说法"。但真实情况不成全李士非的虚构,这就得动用"考证"的学术研究手段来挽救史实。按"道理",一个出版社的"总编"或"社长",你就是有了代为组稿的方案,也只能向有关编室主任,最好是有相应特长的具体干活编辑说一下,让"责任编辑"研究考量一下书稿质量和市场情况,再定是否行动。责编在本职范围内琐碎劳作,"当官的"出版社总编辑最好不要插手。等找到了李士非写给流沙河的对应那封来信,事情就会更清楚了。

读读已"无公可办"即退休后的李士非总编辑写下的"回忆",他点明"杨光治兄主持花城出版社诗歌编辑室"时"我主持过花城出版社的编辑工作",其中的叙述韵味何其层次分明!如果我担任过四川文艺出版社的"总编辑",估计也会这么"层次分明"地叙说我"手下"某个小编辑或编室主任的什么老旧"回忆"。一笑。李士非这么越过他手下的诗歌编辑室主任和《独唱》责任编辑杨光治,直接写信给流沙河这个作者,说得重一点,叫"市恩"。流沙河深知李士非的用意,专门来了一个回应的"拙著能印三千册,真感谢你了"。其实,应该"感谢"的是花城出版社的发行部门,也有作者本人著作的"自带流量"。

还有一点要订正一下,李士非总编辑说流沙河用"狼毫小楷"写信和抄其《庄子》白话选段,这个"狼毫小楷"没有根据。流沙河写书稿和给人写毛笔小字,用的全是一种可以换笔芯的泡沫软笔。

一组《骥尾附言》

　　已经在二十世纪九十年代初《成都工人报》上找到了二十四篇《作家小传》，每篇"小传"都有流沙河冠栏目名《骥尾附笔》的不同标题的三百多字点评，陆续刊载于一九九二年十一月二十六日至次年九月八日。查阅流沙河私人记录，原来这一组点评文章的来历，真还值得一说。

　　一九九二年九月二十九日，《成都工人报》"文化生活部"负责编辑周雨樵给流沙河送来一些已征集到手的作家小传文稿，每篇都是三百多字。这是前一个月的二十日在郫县望丛祠茶聚时，《成都工人报》几位编辑跟流沙河商定的一个专栏。这个专栏由报社征集作家小传，由流沙河"从文章学的角度"写三百多字的"一段评语"，六百多字一期，栏目名称规范为《作家小传·骥尾附笔》。这个"骥尾附笔"的谦谨说法，一看就知道是流沙河给取定的。

　　果然，流沙河在一九九二年十月二十三日私人记录中，就有这么一大段："上午去《成都工人报》找周雨樵商量专栏《骥尾附笔》如何安排。初步商定下月起每期载一篇小传，附以我的短评,意在发挥文章学方面的看法。小传以年齿为序列。版面固定在右上角。建议再多约稿,以扩大投稿队伍,并在编者按中公开征稿。在茶馆商定的,在座有袁永庆、易刚初、曾乐民。"此时,曾乐民等为《成都工人报》编辑。

更让我们惊讶的,是一九九二年十一月十六日的流沙河现场记录:"下午三点过,去《成都工人报》,将编者按语改定稿交周雨樵。栏目定为《作家小传·骥尾附笔》。"有了这一段,《成都工人报》一九九二年十一月二十六日初刊此专栏时的那篇近三百字《编者按语》应该算是流沙河的文章,至少也是流沙河最后改定的文稿。《编者按语》全文为:"从本期起,本报文化生活部(原副刊部)陆续推出新开栏目《作家小传·骥尾附笔》。小传部分已约请省内外众多文友自撰,力求短小,具独特性,有文学味。附笔部分已约请流沙河先生撰写,附在每篇小传之后,从文章学的角度,予以评析,表述一家之见。如果这个栏目能唤起读者对文章学的兴趣,并注意到怎样把短文写得更妙些,那就太好了。在此我们万分欢迎省内外更多的文友自撰小传寄来,以光篇幅。十步之内,必有芳草。当兹盛世,文学作家滔滔辈出,绝不止于本栏目内所推出者。小传若干篇,依作者的年龄序列刊出。当然容有来稿迟到,不能够依年龄刊出。预作说明,读者垂察。"

写这一组短评时,六十一二岁的流沙河完全没有以"著名作家"的派头出现。他不仅亲自到报社送改定后的《编者按语》,甚至在一九九二年十一月九日早晨亲自把头四篇文稿也送到《成都工人报》社。《成都工人报》原先是一周出报一期,从一九九二年十二月十二日起,每周出报两期。

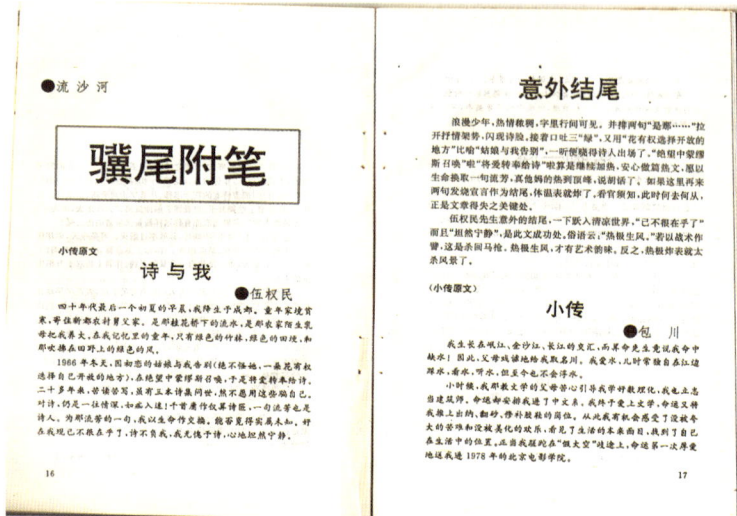

流沙河《骥尾附笔》初刊件之一

已经见到的这二十四期《作家小传·骥尾附笔》,大体按二十四位作家的出生年月排序,第一篇"小传"的传主陈道谟生于一九一九年,第二十四篇"小传"的传主江沙生于一九五一年。二十四位"作家"分别依次为陈道谟、许伽、王尔碑、木斧、柴与言、曾伯炎、蒋维明、谭楷、张天健、张新泉、袁永庆、杨传球、白峡、胡邦炜、王金泉、周永严、李书崇、徐建成、安知、田子镒、林文询、伍权民、包川、江沙。这二十四位作家,现在看来,大多数或许被如今的读者认为是"名不见经传者",但在二十世纪七八十年代那十多年,他们真是成都乃至四川的文学圈内人人皆知的人物,也都正处于文化壮年。自然不可否认,这二十四位作家中能够进入"中国当代文学史"的,应该少之又少,有十多个人估计无论多么大型的中国当代文学家人名工具书也不可能收入其条目。客

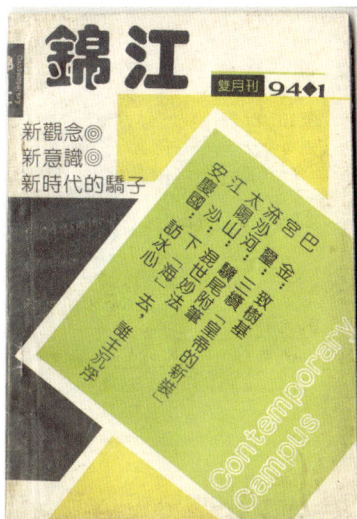

连载流沙河《骥尾附笔》的《锦江》文学双月刊封面之一

观地说,这二十四位作家,只能算《成都工人报》文化生活部的主要供稿者,即所谓的"特约作者"。

没有见到这个栏目的组稿策划人员的回忆文章,事实上这个栏目在《成都工人报》这边,要算"大型栏目",是属于精品栏目的精心编排,尤其是陆续由流沙河对二十四篇小传的逐篇评点,真是非同小可的"文学事件"。流沙河自定为"从文章学的角度,予以评析",这就是学术层次的阵容了!流沙河自拟的标题中虽然也有较为随意的诸如《老姐自叙》《由水而陆》《无趣找趣》《示人本色》等浅表叙说,但大部分真是"文章学"学术层面的标题如《变法倒叙》《诗思引路》《反复悲调》《前呼后应》《质文结合》《自圆其象》《整体和谐》《空明洞彻》《环形结构》《意外结尾》《踏脚一跳》和《化我为他》这些理论性颇浓的标题,值得相关学科的研究者予以关注。

三百多字一篇《骥尾附笔》，二十四篇合共就是七八千字，就是流沙河"文章学"系列的专论之一部分，而且实实在在地据真实小传来评析，可谓言之有据、有感而发，应该是流沙河文化研究的珍贵文献史料。郑州当时的名刊《散文选刊》在一九九四年第九期曾以《骥尾附笔》的题目转载过一些小传及评析，足见流沙河这一组文章影响之大。

仿写《陋室铭》

写作训练中有一种"仿写",类似于绘画技巧和书法习字中的"临摹"。无论自觉还是不自觉,这功夫都是不能躲掉的成功学习途径。近年的中小学语文教学,在课堂上学过刘禹锡《陋室铭》之后,好像各地的教师都给学生布置了仿写作业。网搜"仿写《陋室铭》"就会出现"作文篇",数量之多让人读不过来,也可能大多是"段子手"的批量制作,录几则供了解。

雅室铭

楼不畏高,安居则行。室无须大,雅洁则灵。虽非阔绰,却含温馨。朝阳映轩亮,皎月入窗明。不慕豪华居,安思别墅亭? 可以聆乐音,寄诗情。无敷衍之累耳,无迎送之劳心。谈笑皆好友,往来俱佳朋。聊慰曰:"室雅心清。"

这一仿写,内容算不上优秀,生活态度却还算是积极的。

科室铭

才不在高,应付就行。学不在深,奉承则灵。斯是科室,唯吾聪明。庸俗当有趣,流言作新闻。谈笑无边际,往来有后门。可以打毛衣,练手功。无书声之乱耳,无国事之劳神。调资不落后,级别一样升。其乐云:"增长工龄。"

这一仿写,讽世小杂文,写作用意还可以称赞。

会场铭

会不在听,到会就行。心不在会,坐完则灵。斯是会场,尔吾闲情。烟抽红塔山,茶喝老龙井。谈论处世学,话说山海经。可以拉家常,眯眼睛。无群言之乱耳,无公务之劳神。虽非麻将场,堪比歌舞厅。亦道是:"吾乐就行。"

这一仿写,也是讽刺,直击会议的无聊,有写作当时的现实意义。

文凭铭

分不在高,及格就行。学不在深,作弊则灵。斯是教室,唯我闲情。小说传得快,杂志翻得勤。琢磨打篮球,寻思游戏厅。可以打瞌睡,观窗景。无书声之乱耳,无复习之劳心。自习说闲话,讲课听不进。心里云:"混张文凭。"

对在校学生不认真上课做作业的不良行为进行批评,虽然有些刻薄,也算记实。

写这类《××铭》的"仿《陋室铭》"的人,大多认真地细读过刘禹锡的《陋室铭》,能倒背如流时才可熟练写出一共八十一个字的仿拟件来。原来我也以为是玩世不恭的文字游戏,待到十五六年前在网上读到一则不足九百字的《一件屌事》,我才改变了这并非理智的认识。

读过被仿写的《一件屌事》再去研究鲁迅那篇总共才八百多字的《一件小事》的语言,真觉得是大师手笔,不可小视。于是在鲁迅《一件小事》公开发表九十周年的二〇一九年秋,我一口气写下好几篇考读文章,其中收入二〇一五年八月上海辞书出版社印行的拙著《旧日文事》的就有《〈一件小事〉写于哪一天?》和《〈一件小事〉不是表扬信也不是检讨书》,以此实考小小成果向经典名篇致敬。

由此,我觉得,依名篇格式和口吻撰写仿写文字,不管动机如何,都是向名篇致敬的行为。《陋室铭》署名刘禹锡,但有一家名刊曾发表文章讨论《陋室铭》的作品归属问题。也就是说,有人怀疑《陋室铭》是出自刘禹锡之笔下,因为最早的《刘孟德文集》没有收入这篇八十一个字的"名篇"。问过一些该专业的知情人,至今在中国古代散文研究界,仍维持《陋室铭》的作者即刘禹锡这一个结论。

大量"仿《陋室铭》"的文字涌现,保守估计,以千万为计数也

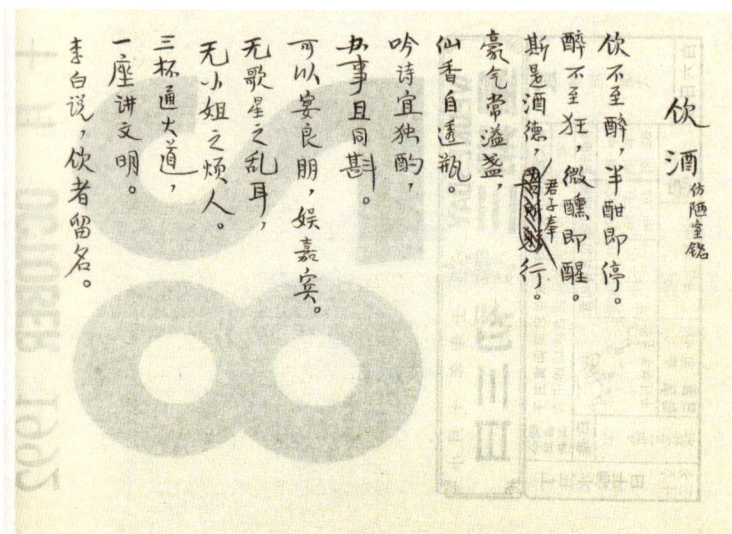

流沙河书《饮酒(仿〈陋室铭〉)》手迹

只会太少了吧。以"仿"向文质皆彬彬的《陋室铭》致敬的庞大作者队伍中,又添了一名文学巨匠流沙河,估计会让大家眼睛一亮,甚或有些不相信吧?但是,的确是事实!并非我消息灵通,我也是在二〇二二年十一月于成都武侯祠举办的《流沙河书法回顾展》的展品中发现这一重大讯息的,是在一页三十二开扯历背面用黑色软泡沫笔淡墨写下的作品,有一处改动。用手机拍照的图片不太清晰,我重新打印一份再细加描浓,可对照着看,以定稿为准,过录如下。

饮酒(仿《陋室铭》)

流沙河

饮不至醉,半酣即停。醉不至狂,微醺即醒。斯是酒德，君子奉行。豪气常溢盏，仙香自透瓶。吟诗宜独酌，办事且同斟。可以宴良朋，娱嘉宾。无歌星之乱耳，无小姐之烦人。三杯通大道，一座讲文明。李白说："饮者留名。"

过录的时候，把流沙河的手稿按刘禹锡《陋室铭》规范句式微调了一下。爱喝酒，尤其是逢酒必喝、每喝必醉的"贪杯"者，熟人聚餐和在餐馆人们都见得不少。酒兴上，的确热闹，我也爱小酌，但真是厌恶醉酒之人，哪怕是关系很好的朋友！我目睹过流沙河对待来访醉汉，他并不呵斥训话，只是一脸无奈地往书房里躲，剩下我陪着醉汉。我也只能在流沙河离开后，乘势强力礼送醉汉"哪里来还是赶紧回哪里去"，客气地反复把来人扭送到电梯门，讲："下次没有喝醉酒时，再来吧，电梯门在这儿，请进，走好！"

流沙河这八十一字的《饮酒（仿《陋室铭》）》遣字用词最让我崇奉的是"斟酌"一词的分开组句，即"吟诗宜独酌，办事且同斟"，把个人智慧灵光一现的"吟诗"和集体协商勠力共劳的"办事"，说得极其到位。最末一句所引"李白说"的"饮者留名"，源于李白《将进酒》一诗中"古来圣贤皆寂寞，惟有饮者留其名"。据说，这里的"圣贤"不是指人，而是两种唐代名酒的商标名称，类似于如今的"茅台"吧。

细赏流沙河《饮酒（仿〈陋室铭〉）》，他用了简体字，应该是应某杂志约稿所作，初刊处待查。从"歌星"和"小姐"用语判断，这"仿"写短章当作于一九九〇年前后。所用扎历是一九九二年十

山不在高有仙則名水不在深
有龍則靈斯是陋室惟吾
德馨苔痕上階綠草色入
簾青談笑有鴻儒往來無白
丁可以調素琴閱金經無絲竹
之亂耳無案牘之勞形南陽
諸葛廬西蜀子雲亭孔子云何陋之有
守勤先生涵賞　流沙河

流沙河书《陋室铭》字幅

一月二十八日这一天的,也可以参照。

　　流沙河一九九三年一月十八日的私人记录写有一醉酒之人来宅之事,隐去真实姓名照录如下:"下午×××自锦江剧场悦来茶园省作协会员迎春茶话会,引二人来我家。竟替我领一份蛋糕礼品,入门酒臭,大声叫喊。我生气,叫他去退礼品,并拒绝接待,推出大门。"这一段私人记载,也可为流沙河这篇《饮酒(仿〈陋室铭〉)》,起一个写作时间的佐证作用。

《七家诗选》的初版

语文出版社二〇一七年七月在北京印行了三十三万字的《七家诗选》"增订本"，该书《后记》中写道："一九九三年，《七家诗选》由中国友谊出版公司出版，收录艾青、蔡其矫、流沙河、邵燕祥、陈明远、傅天琳、舒婷的代表诗作二百余首。这部诗选被许多大学文科院系作为教学与研究的参考书，深受读者欢迎，影响深远。"

一年有十二个月，初版《七家诗选》一九九三年二月在北京第一版第一次印行。得见三封《七家诗选》初版本三位主事者相关的亲笔书信手迹，知晓了该书操作编印的最早实况，予以转述，供教学工作者和学术研究者参考。这三封书信分别写于一九八八年二月二十七日、一九八九年四月十八日和一九九二年四月二十八日，都是三十多年前的文献史料了。

书名叫《七家诗选》，是稍后的情形。最早拟定的书名为《八家自选诗集》，正书名后有一个破折号，紧接着的副书名为"载入《世界名人录》的中国当代诗人代表作选"，已紧张筹备，计划在一九八九年五月上旬就下厂付印。正书名中的"八家"分别为艾青、蔡其矫、流沙河、邵燕祥、陈明远、北岛、傅天琳和舒婷。根据时任出版社相关责任编辑的设计，书中有八位诗人的照片和体现各人"人生真谛"的毛笔题词并签名。而且当时承接出版该书的，是世界知识出版社，责任编辑是张光勤。

应邀代替世界知识出版社最初约稿的是诗刊社的邵燕祥，所定入册的名单就是前一年英国欧罗巴出版社的《世界名人录》一九八七年版收入的中国当代诗人，开始也是七位诗人，但没有舒婷，后来又成了"八家"，加上了舒婷。但最终的定本，又没有了北岛，变成了《七家诗选》。

一九八九年夏，由于特殊情况，准备在世界知识出版社印行的《八家自选诗集》或《七家诗选》没有下到厂里印刷。直到一九九二年四月底，仍然是受伦敦《世界名人录》传记中心总部（The International Who's Who）的委任，陈明远出任其"驻中国代表"，重行操持《七家诗选》的出版进程。因为当时的国家新闻出版总署规定世界知识出版社不再出版中国国内的文艺作品，经协商，《七家诗选》交中国友谊出版公司正式印行，内定出版时间为一九九二年五月，印一万册。结果，这两个"内定"的预报都打了折扣：出版时间迟至一九九三年二月，晚了半年多；印数也只四千册，少了六千册。

初版《七家诗选》由蓝棣之于一九九二年四月十二日写了一篇长序，蓝棣之觉得：把艾青、蔡其矫、流沙河、邵燕祥、陈明远、北岛、傅天琳和舒婷列入《世界名人录》的"名单"，"是比较客观和公正的，所持标准是可以接受的，看不出其中存在着特别的意识形态偏见，我认为这里的选择是诗歌本身"。蓝棣之不愧是学者,他善于把已有事件分析出所以然来。

如书中所收这七位诗人分别生活在三个不同的地区即北京、闽南和西南,序作者蓝棣之立即给出"金三角"的"定性",理直气壮地说:"他们所分布的这三个地区,正好构成了中国大陆的一个金三角。"——如此,一个中国二十世纪后五十年间七位著名诗人"地理客观层面上的逻辑意义"(我的杜撰)就诞生了。

这部《七家诗选》在近二十四年后,又在语文出版社出版了"增订本",证实该书真的是"深受读者欢迎,影响深远"。

《七家诗选》中的"流沙河卷"

前后相隔近二十四年,分别公开印行的艾青、蔡其矫、流沙河、邵燕祥、陈明远、傅天琳和舒婷七位中国当代诗人的作品合集,都是同一个书名《七家诗选》。一九九三年二月由中国友谊出版公司印行的《七家诗选》,封面上的"入选《世界名人录》中国诗人、作家作品丛书",表明这套含有《七家诗选》的"丛书",还有《×家小说选》《×家散文选》等"诗人、作家作品"的其他类型的作品选本,但我只见到这么一本《七家诗选》。

高调明示的《世界名人录》,是英国伦敦欧罗巴出版社印行的一种人名工具书,从一九三五年起每年均有所增补修订,是次第发行的收录当代著名人士简况的传记资料汇编。收录了流沙河等七位中国当代诗人的《世界名人录》,是全世界各国出版的同类人名录工具书中最具权威、最有影响的一种,已成为联合国和世界各国的政府机构、大使馆、高等学府、研究单位和各大图书馆、资料室必备的工具书。

到流沙河等七人入选这一本着手组编的那一年,中国人士入选《世界名人录》的已经累计有一百多个,中国友谊出版公司

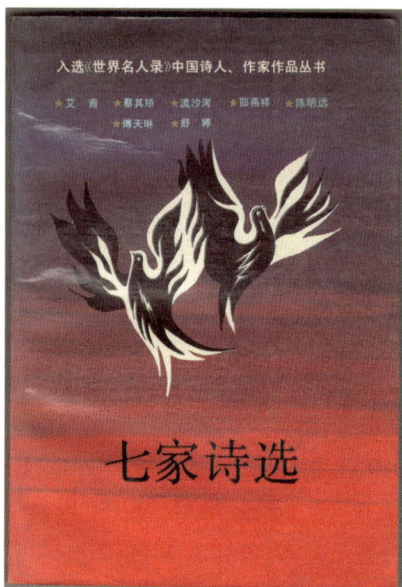

《七家诗选》前后两种印本封面

《七家诗选》的"编者的话"认为当年入选的中国当代诗人"有七位",于是就产生了当时均健在的这七位诗人各家"自选"一组诗合集印行的《七家诗选》出书计划。

这"七家"诗人中有一"家"就是流沙河。他一接到《七家诗选》的入选通知,立即着手于一九八八年八月写了二千五百字的《自叙》,并自选诗二十二题三十首。这本书中流沙河的"自选"诗并不是该书目录中标出的"22首",准确地统计,应该就是刚才说过的"二十二题三十首"。因为其中《故园九咏》就是九首诗,而且九首诗都各有诗题,分别为《我家》《中秋》《芳邻》《乞丐》《哄小儿》《焚书》《夜读》《夜捕》和《残冬》,形成的组诗总题为《故园

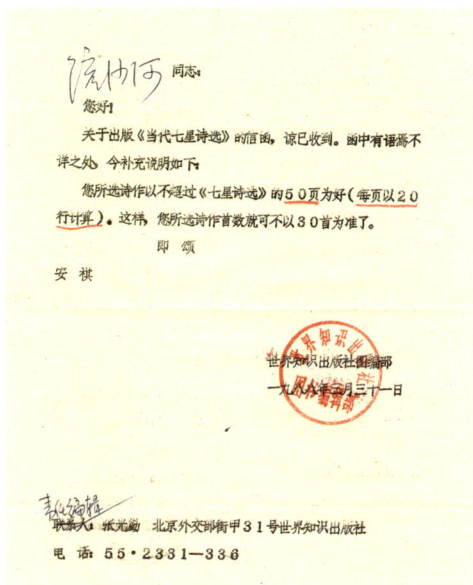

《七家诗选》最初的约稿公函

九咏》，九首诗"断断续续写在七十年代中期"。这里的"七十年代中期"，就是二十世纪七十年代中一九七五年前后四五年。

蓝棣之写于一九九二年四月十二日的《序》中，认为流沙河"习惯于从'实事'找诗，他是把自己的身世命运转化为诗"，"流沙河诗的魅力""在于他的坦白，他的诗直接抒写真实的生活事件"，"流沙河是通过写自己一家来写社会；他就写自己的家，自己的喜怒哀乐，然后通向人民，有广泛深刻的社会影响"，并高度肯定流沙河"这种用自己的血泪写成的诗，其价值当然远远高出于那些无病呻吟的急功近利之作"。在具体分析之后，蓝棣之最后小结道："流沙河的创作，不求多产而求质高，他从不重复自己。他的诗一篇一个样子，一首一种形式，一篇一个构思，总是不断地从题材与写作上独辟蹊径。"

近二十四年过去，《七家诗选》转到语文出版社印行"增订本"，和其他六家诗人或其家属一样，流沙河也遵嘱进行"增订"。流沙河不仅仅是增补修订，他还抽换了初版本中的"自选"诗作。这个要耐心地细细对照前后两个印本才可以来说话，似乎还没有人做过这个工作。和初版本目录上出现统计差错一样，"增订本"《七家诗选》上目录中的"流沙河（20首）"也不准确。仅仅机械地数诗的标题，也不是"20首"，而应是"21首"！真弄不明白以出版语文教材类权威图书为主的出版社，怎么可以在成品图书上留下这样低级的差错……其实，科学具体地标示，应该是"21题31首"。细细核对前后两个印本《七家诗选》上流沙河"自选"诗作目录和篇什，"增订本"增收了《草木篇》，删去了《赠女友洁》和《梦西安》以及《故园九咏》中的《我家》《残冬》。

语文出版社印的《七家诗选》，还增加了《再版叙：我为什么离开新诗》的短文。这篇四百字的短序写于二〇一六年十二月十三日，不少提及此序的文章都说此序是为"增订本"《七家诗选》而写的，事实上是流沙河为自选的他那一卷二十一题三十一首诗而写的。

语文出版社印行的"增订本"《七家诗选》也有补加的《增订版序：诗是美的归宿》，作者汪剑钊，写于二〇一七年五月八日。汪序中也有一小节专论流沙河，因为这本书容易找，就不转述了。至于流沙河本人对入选的诗作抽弃的几首，并非诗的质量上有问题，我看主要出于尘俗意义上的考虑，毕竟都是生活在现实中，作为后学晚辈我不便多进行议论。还是一句老话，"欲识全人，最好读其全文"。如果真要研究流沙河的诗歌创作，仅仅读选本，是不够的，要读流沙河已发表和未发表的全部诗作，方可知其诗作全貌，而后才有资格发点儿"我认为"的所谓"高见"。

与乡民罗绍合

　　不知道哪儿来的勇气和信息,粗通文墨的金堂县清江镇一心村六组的农民罗绍合,提笔给流沙河写了一封讨要钱财的求助信,不订正行文中的错别字和一逗到底的标点符号,照录如下。

　　流沙河先生:

　　你的身体健康吗? 生活愉快吗? 工作顺利。

　　来信的主要目是来向你借点钱,我的工资一月只有八十元,现在家里的老妈,已经八十多岁了,现在病情又严重,很容易死去,家里很困难,所以来向你借点钱,希望沙河先生能体量一下。谢谢。

　　祝身体健康、

　　工作顺利、

　　家庭幸福。

罗绍合

一九九五年四月九日

这封求助信的发现,也是一个小小奇迹。刚租定流沙河文化研究项目办公室的最初几个月,我们把分散好几处的流沙河文献史料都运到这儿来,租房的地板上几乎全是一堆堆的旧书、旧报和一些从各地网上书店买回的纸质文件。正巧,时任金堂县文旅局局长的谭代茂率该局流沙河文化研究项目参与者来与我们交流,谭局长看完一间房子书桌上的文献史料后,低头一看,他脚下踩着一封信,他拿起来交给我,说了一句:"还是我们金堂乡下的来信。"我接过来看了信封,对谭局讲:"这个信封上有流沙河老师的十几个字符,已经是文献甚至是文物了。"谭局长拿过去细看,边看边念"寄钱200元 已寄了 4.15.",又把信也读了一遍。当时我们几个成都这边的工作人员,正在利用业余时间分类整理已到手的流沙河文献史料,这一封被流沙河故里文旅局谭代茂局长亲自验视认定的"流沙河文献"当即归类到"流沙河与平民百姓"文件夹中。

仔细查看这封书信和实寄完整信封,罗绍合是一九九五年四月九日写的信,四月十日从金堂邮局寄往成都。正如前录流沙河在信封上的注明,他是四月十五日收到这封信的,这一天的私人记录中流沙河写道:"收到罗绍合自乡村家中来信,寄去二百元帮助。"没有丝毫的怀疑和犹豫,读完书信立即从邮局汇款,这就是著名诗人流沙河对一个求助者的态度。

这个时段的流沙河,"两百元"对他来说也是一笔大款子。该年该月的二十九日流沙河去市场买蒸锅,晚上他在这天的私人记录上写道:"我去二百二楼买不锈钢上海造双层蒸锅,190

元。贵，因钢材涨了价也。"私人记录中的"二百"，就是当年的成都市第二百货公司。而且这时段流沙河除了不太丰厚的工资并没有别的收入，他在这年六月九日的私人记录中写道："平时作字绝大多数皆送人，卖钱者极少。"然而，面对老家一个不熟悉的平民来信求助，流沙河却大大方方地"寄去二百元帮助"。

认认真真地往后查阅了好几个月的流沙河私人记录，不见有罗绍合收到汇款来信表示感谢的记录。"寄去二百元帮助"是通过邮局汇款的，肯定是不会丢掉的。如果这位接受过流沙河银钱实在"帮助"的罗绍合还健在，但愿他还记得这么一件事。

删去的"悬壶说诗"

　　已经公开出版的流沙河著作中,有两本书的书名完全一样,都是《流沙河诗话》:较早的一本由四川文艺出版社一九九五年十月印行,版权页中所标明的字数为三十三万一千字;较晚的一本由北京的新星出版社二〇一二年一月印行,版权页中标明的字数为二十六万字。近十七年的前后,再版重排的《流沙河诗话》删去了七万多字。这被删去的七万多字中,有一万六千字是九篇诗稿习作的阅稿笔记,称为"审读意见"也许更准确。倘若有人要研究作为"诗歌编辑"的流沙河,这一万六千字是必须反复精读的"文献史料",而且是第一手的可信文本。北京的新星出版社印行这本少了七万多字的《流沙河诗话》,估计是因为受出版合同中关于篇幅的限制。其实,对于初学写诗的人,这被删去的一万六千字,正是十分受用的"教科书"。

　　这一万六千字在四川文艺出版社一九九五年十月印行的《流沙河诗话》中单列为一辑,辑名"悬壶说诗",有小序曰:"古人卖药行医,谓之悬壶。典出《后汉书·费长房传》。壶在这里是盛药的葫芦,不是茶壶酒壶。我在这里卖药行医,诊治青年朋友诗作之病。'诊治'二字,初稿原是'包医'。后来想起自己还在打摆子呢,怎好妄夸海口,包医他人疙疾,何况'包医'二字有江湖气,所以赶快改了。过路君子,多多赐教。"

接下来的九篇短文,即九首诗稿习作的"审读意见",篇篇精彩。不忍混合起来含糊介绍,我努力逐篇细读后再摘要简介。

一、《牵骆驼入公式》

流沙河审读"自修大学学员"一首《骆驼》,全诗四句:

> 茫茫的沙海,
> 哪里是尽头?
> 默默不懈地一步步前行啊,
> 只因你心里揣着希望的绿洲。

流沙河认为这首短诗的内容和结构都是"公式化"的,他列出八组类型一致的词或词组,可分别套入以下公式:

> □□
> 茫茫的□□,
> 哪里是尽头?
> 默默不懈地一步步□□啊,
> 只因为你心里□着□□的□□。

如套入第二组的"袋鼠·草原·跳跃·爱·美丽·澳洲"便是

袋鼠

茫茫的草原,

哪里是尽头?

默默不懈地一步步跳跃啊,

只因为你心里爱着美丽的澳洲。

结末流沙河在生动地举例后指出"公式化"之路走不得,微笑着给初写诗者指出一条新路即开具"药方"是:"人家做过,你勿再做","自裁新装,翩翩风度"。

二、《想清楚再骂吧》

有一个学员写了一组两行诗,总题《偶拾集》,流沙河举出三例。其中一例题为《点水雀》,两行诗为:

心中若装有探索的目标,

怎会浮光掠影满河乱跑?

流沙河是博物学家,他不仅记性好,而且对各类自然现象均细致观察,还杂览许多报刊。他以"点水雀"的实际生存常识与这位诗作者交流:"点水雀,学名鹡鸰,栖息水畔,以小鱼小虾为食。所谓点水,其实是在觅食,不是在做游戏","小雀求生不易,你不要骂它吧"。顺便,流沙河还指出点水雀是在水面上"飞"着啄食小鱼小虾,不是"乱跑",批评诗习作者"为了押韵,硬用一个跑字"。观察事物、懂透常识,"想清楚再骂吧",否则一骂就错。

三、《删掉一半》

有一个学员写了一首《卖布姑娘》的诗歌习作,录出原稿:

> 身后,色彩斑斓,
>
> 面前,张张笑脸;
>
> 短尺飞舞,
>
> 生活的浪花在你手上翻卷!
>
> 谁说你的工作平凡,
>
> 谁说你的地位低贱;
>
> 你拉长了一个幸福的梦,
>
> 你在把城乡的距离缩短。

流沙河对于这习作的审读修改意见为:"这首诗好在有两个颇佳的意象即'手上浪花翻'和'拉长了幸福'。第一行'身后'不好(人死以后谓之身后)。第二行'张张笑脸'凑韵罢了,实况未必如此。五六两行虚设靶子,大批判的腔调。第七行'幸福'不该是'梦'。"流沙河动手"洗掉赘言"的删改成绩只有四句,这"删掉一半"后的定稿为:

> 背后,色彩斑斓,
>
> 舞短尺,浪花随手翻卷。

十指拉长幸福，

拉出微笑，一张张的脸。

四、《照着葫芦画瓢》

流沙河读到《四川青年》编辑部转来的也是四节仿余光中《乡愁》的《乡情》，近四十行，但习作者根本没有离开家乡，天天在家乡的山上"割草"或"打柴"。流沙河"审读"后写道："并未离开故乡，居然会有乡情！乡情者何？游子思乡之情是也。思乡而愁，谓之乡愁。所以乡情就是乡愁，因距离而萌生。没有距离，哪来乡情！"流沙河为此首习作开具"治病"的具体"处方"是："只宜借鉴，不宜模仿。多些实情，少些空想。"

五、《我是谁 你是谁》

这一篇"审读意见"有两千多字，讲一个在重庆读大学的诗歌习作者投来诗稿《酿造》，但人称指代混乱，前后不知道"我""你""您"等究竟指谁，流沙河耐心地抄出混乱的诗歌习作句例加以分析，最后开具的"处方"是："人称代词，不可混乱。前后语气，必须连贯。"

六、《不宜说得太热闹了》

流沙河从一个学员的一百一十五行的长诗初稿《我是钉鞋掌的青年》挑选出前后意义可以连贯的诗句十六行并"只改动了几个字"，再"添了两行"，成一首"可以刊用"的诗作。流沙河说：

"被我删砍掉的部分太多",原稿"败笔太多,蛇足不少,肯定不能刊用";"败笔删掉了,蛇足砍掉了,菁华显露出来";原稿"浪漫主义的豪言壮语太过火了",如"我要向着飞云流风大声宣告""我的追求在手心里蹦,我的青春在肩头上唱""我的憧憬不再在马路上徘徊,我的理想不再在荒野间流浪"之类,被流沙河挑选的诗行语言朴素、形象生动,开具的"处方"是:"铅华洗尽,自有佳色。"

七、《初始印象往往不可靠》

一个学员寄来诗稿《山城的夜》,首行"硬把'星光的海洋'拆开成'星的海洋'和'光的海洋'",流沙河认为"没有什么道理";次行"海洋又忽然变成'殿堂'",流沙河认为"就更没有什么道理了";第三行、第四行"光点"又分别变成了"眼睛"和"心房"……流沙河发问:"这样随意变来变去,能在读者的脑子里留下一个清晰的印象吗?"最后给习作者开具的"处方"是:"人多路窄不要去,独自探索新天地。"意思是写重庆之夜从古至今,以其灯光为题材的成功诗篇太多了,可以写别的侧面,或用"新"手段写"山城的夜"。

八、《迂缓了》

一个学员写来一首题为《开钻》的长达六节共二十九行的诗,流沙河读后认为"写得可以",只是"迂缓了,有气没力",点评道:"这首诗的缺点是讲演太多而表演太少。"流沙河的意思,是希望上场就"表演",于是动手术刀"割掉"十七行"迂缓难进,踟踟不前"的诗句,一首三节各节四行共十二行的干干净净的诗作突然闪亮诞生。流沙河展示"删改"成果后给的"处方"为:"走得太慢,气势不健。少说过程,多做表演。"

九、《情诗可以半真半假》

这是"悬壶说诗"的最后一篇,也凸示着特别的情趣。本篇由爱情诗歌作者的"女朋友"与流沙河的来往书信组成。流沙河劝这个爱情诗歌作者的"女朋友"以后再读了"男朋友"的爱情诗不要"生气",因为写爱情诗的男作者"实有其事,当然更好,不过很难,因为事太实了,反而不好写得","半真半假"的爱情诗有,"代人立言的爱情诗"也有,"不必追究其人其事是否属实"。流沙河的回信写于一九八三年十月十九日,已是近四十年前的老旧文献了……

学习创作新诗的青少年甚至中老年,大有人在,代不乏人。这些人不容易找到适合的参考教材,所以最终成功的不太多。流沙河这类实实在在谈诗歌习作存有的具体问题,又予以改订并给出他心目中的"正确答案"的系列文章,真是有益的好文章,说是优质诗歌创作教材也可以。这本一九九五年十月由四川文艺出版社印行的《流沙河诗话》,当时首印就有三万册,在旧书店和网上书店不难购买到。有志于新诗创作的人,想脚踏实地向上行进,反复阅读并领会吸收这九篇带有"教材性"的系列文章,应该算得上是一个得力"抓手"。

接待欧声光

　　郭应循任责任编辑的《金堂报》副刊《三江文艺》，一九九六年十二月二十六日发表了该县土桥镇湖包村农民业余文学作者欧声光的《走近流沙河》一文。参照流沙河的私人现场记录，对欧文基本内容略作订补转述如下。

　　一九九六年四月十八日午后，又一次从红星路四川省作家协会宿舍门口经过的欧声光终于下定决心鼓起勇气去"造访"流沙河。他的理由他自己说只有一个："流沙河都老了，现在不见他，何时方见他？"其实，作为一个流沙河故里金堂县内一个农民业余文学作者，欧声光还有更为理直气壮的由头，他要把自己不久前刚刚公开出版的《生命的足音》这本书亲手送一本给流沙河，或许早就写好了诸如"请流沙河先生惠读"之类的题词。

　　这本《生命的足音》收入七十三篇散文，一九九六年三月由成都出版社印行，多半是作者自费出书。编辑《生命的足音》是出书前一年十一二月间，作者后记说之所以要印这本书，是为了纪念自己"在报刊杂志发表作品二十二周年"和纪念自己"第一次听到高尔基的故事"而"自觉参加到扫除文盲"并"为实现人生价值而奋斗"的"三十三周年"。从欧文写及的流沙河说"我有个弟弟,年龄跟你差不多"来看,欧声光出生于二十世纪五十年代初,这回"造访流沙河"他也就四十多岁不足五十吧。

欧声光说他是"种'皇粮'的小民",可以确定他是金堂县土桥镇乡下农民,不到五十岁就发表近百篇文章,还出了一本书,那个年代还是值得一说的。欧文中自己设想:"我打定主意,如果流沙河不叫'请进',我绝对不会进他的家门;如果不叫'请坐',我绝不会坐下去,而会车身就走。"欧文有些奇怪,从头至尾都没讲是为了给流沙河送书这件事。如果不查阅流沙河私人现场记录和欧声光《生命的足音》出书年月和一些他当时送书给人的时间,还真以为像他文章中所写"没有带任何礼品,很随便地按了按门铃"就"造访"了流沙河呢!

这次欧声光"造访"流沙河的时间是午休后,两人坐定后说了一小时再加十五分钟。因为欧声光虽然送上了自己刚公开出版的书,但他还是首先"高调"介绍自己是"农民",一直在种"皇粮"。流沙河也就首先询问"农民的日子过得如何? 每年上交国家多少钱? 多少粮?"这些问题,待欧声光逐一回答后,流沙河仍是"不离本行"地"叹息金堂故乡缺文化特色,也缺文化才子"。

接下来,欧声光较为详细地介绍了他生于斯、长于斯的金堂"古文化小镇"土桥,从雍正年间一直说到如今,也像流沙河一样地"不离本行"归结到"常有省城的大作家、大教授,不怕山高路远,来到偏僻边远的土桥沟,与那里的文人们建立友谊,切磋艺术"。听完刚出了一本书的农民业余作者欧声光的"土桥"精彩讲说,流沙河激动地说:"土桥那个地方,我没有去过。你这次不来,我还不晓得,谢谢你来访!"

再往下,应该理解为欧声光上述介绍言其私人书屋"有价值近万元的藏品"时有文人墨客来驻足,还"留下不少墨迹",起到了植入广告的宣传鼓动作用。赶紧,流沙河邀欧声光入书房,在写了"谢谢来访"四字奉送的同时,又取《流沙河诗话》和《流沙河随笔》回赠,外搭一纸自书名片。

这一下,早先自卑兼自负的欧声光真是意外地高兴,他顿时觉得眼前的流沙河"仿佛一千年前就相识了似的",想拜流沙河为"老师",引出流沙河一个名句:"弄文学本来就没有老师的,我有个弟弟,年龄跟你差不多。"含意是让来人就把自己看作"兄长"即可,以"兄弟"平等待之。此刻的欧声光,文兴大发,他对流沙河的理解值得关注:流沙河走进了生命的更高境界,什么地位、名利、应酬等统统当成人生包袱甩了它;文学艺术的高处如同宗教,是一种真正寂寞的事业,贪势利、追气候、图虚名,都是绝对不能修成正果的。

欧文结尾一段说"回家一个多月后"他"意外地从乡邮员那里收到"流沙河"用毛笔"题赠的《庄子现代版》,落款是"乡人流沙河,九六年五月二十八日"。欧文的意思是想表达:他这个"种'皇粮'"的农民业余文学作者还被流沙河用心记着,他出了书就主动挂号寄赠一本。其实,流沙河这天的私人现场记录却是:"下午去邮局寄《庄子现代版》一本给金堂土桥乡下欧声光。彼来信要。"

或许是欧声光写《走近流沙河》时,完全忘了他写信向流沙河索讨一本《庄子现代版》的事。这，也很正常，人的肉体记忆往往自动朝有益于自己的一边偏移，不必往别的地方过度阐释。

仿写《陋室铭》续

二〇二二年的十二月十八日，《流沙河仿写〈陋室铭〉》发表后，已有好几位细心读者希望我们进一步探讨，把流沙河的绝妙短章《饮酒〈仿〈陋室铭〉〉》说得更清楚些。

这里不妨再一次地欣赏流沙河手迹，以及根据手迹原文弄出来的释文。

饮酒（仿《陋室铭》）

饮不至醉，半酣即停。醉不至狂，微醺即醒。斯是酒德，君子奉行。豪气常溢盏，仙香自透瓶。吟诗宜独酌，办事且同斟。可以宴良朋，娱嘉宾。无歌星之乱耳，无小姐之烦人。三杯通大道，一座讲文明。李白说："饮者留名。"

查流沙河的私人记录，这篇仅仅八十一个字的《饮酒〈仿〈陋室铭〉〉》仍然落实不了究竟创作于哪一天，只知道流沙河一九九七年一月二十四日"上午将《饮酒〈仿〈陋室铭〉〉》写成横幅，另抄一纸简体字原文,以备糖酒会来拿"。还从可靠渠道得知,前一天即一九九七年一月二十三日夜间,流沙河在跟他的书法毛笔字字幅包销人江功举通电话时,把《饮酒(仿〈陋室铭〉)》在电话中朗诵了一遍,江功举"说好"。流沙河向江功举表示:"这幅字要收劳务费八百元,非稿费也。"看样子,这一件字幅买卖仍是江功举从中牵线搭桥。因为江功举一接听流沙河的电话,得知《饮酒(仿〈陋室铭〉)》的毛笔字字幅已写好,也立即说"俟其负责人出差归,即来拿",这件毛笔字的字幅买卖双方动态都在江功举的掌握中。本来,江功举在杜甫草堂侧门开设的"好雨轩"就专售流沙河的毛笔字字幅,双方都没有另立买卖。

流沙河说的"以备糖酒会来拿"的"糖酒会",就是一九九七年三月由成都市承办的"全国糖酒会十年庆典",这是一次很隆重的官方大型商业贸易活动。一个多月前发布的《流沙河仿写〈陋室铭〉》中,我们说该仿作"初刊处待查",这一次有了眉目,流沙河这篇《饮酒(仿〈陋室铭〉)》以《饮酒铭》为题,最初刊载于一九九七年三月二十日《成都商报》。初刊时有编者说明:这是流沙河先生打破"不参与商业活动的惯例,专为成都承办糖酒会十年庆典而作",并被"镌刻在蜀都大道熊猫广场高五米、直径三米的酒文明宝鼎上"。

但有心人当时真的去蜀都大道熊猫广场仔细寻找刻有流沙河八十一字《饮酒铭》的宝鼎,结果失望而归。去寻找宝鼎的人专门询问流沙河,流沙河回答说:没见过那宝鼎,那鼎可能专为糖酒会而制作,糖酒会一结束就撤走了。这,也是一种揣测。估计"宝鼎"的事,就是说说而已吧。

流沙河给自己的八十一字"仿《陋室铭》"取定的篇名就叫《饮酒》,"仿《陋室铭》"算副标题。《成都商报》发表的不知经过流沙河同意了没有。当时,流沙河忙于母亲的病情和稍后的丧事,完全顾不上这件"文事"细节。《成都商报》编者高调宣布流沙河写作《饮酒铭》是"参与商业活动",有点夸张。在流沙河这里,多半就是看在江功举的面子上,完成一桩毛笔字字幅买卖罢了。而且,一个文人的小小创作行为,还如此雅,作为流沙河本人,也是举手之劳,何乐而不为呢?

去图书馆查阅当年的旧报刊,流沙河《饮酒(仿〈陋室铭〉)》以《饮酒铭》公开发表后,就有评论认为"滴酒不沾的'非饮者'流沙河君,不久前却意外地写了一篇意趣、语趣堪称绝妙的《饮酒铭》"。还对"铭"字专门评述:"对于饮酒,不歌,不赞,不颂,而是'铭'","这本身自有作者别样的意义在"。什么"别样的意义"?"此文对于饮酒包含有一种鉴戒的美意,寄托了他对现代饮者应有酒德的深沉呼唤!《饮酒铭》啊,把它当成一篇现代'酒德铭'来读,不是更符合作者的意愿么。"

对于流沙河的《饮酒(仿〈陋室铭〉)》公开发表后题为《饮酒铭》,当时就有宏观、微观分析,如依据"这种形体上'借用'出来的文字语言,必须是美妙的,有趣的,富有作者个人的独创性"而不是"简单的形式照搬"这"原则",认为"流沙河君凭借他的创作才华和学识功底,奇妙地做到了"。以上算是"宏观"概论,下面就是"文本"微观探讨:"'饮不至醉,半酣即停','醉不至狂,微醺即醒',这个'饮',厂家、商家鼓掌。'不至醉','不至狂',不坏事,不伤身,上级放心,同级欢心,个人、家人、友朋称心,完全符合我们民族几千年来'德将无醉'的祖训(《尚书·酒诰》);接下来'豪气常溢盏,仙香自透瓶',佳句,诗意浓,自有李白豪放的风韵,高品位,大快乐事;'无歌星之乱耳,无小姐之烦人',话说得真,说得直,坦坦荡荡,诗人本色,语言虽略带调侃,坦言者并无恶意,听者可理解,快人快语,不必嗔怪的;结尾更是绝妙,有奇趣。"

以上的引语,主要抄自蓝疆《流沙河写〈陋室铭〉》,该文初刊于一九九七年十月二十四日安徽省界首市机关报《中原晚报》副刊,足见那时的作者文风之扎实,没有如今泛滥成灾的蹈空玄说恶习。但是,至少我,至今没见过流沙河工楷书写的毛笔字字幅《饮酒(仿〈陋室铭〉)》。依照流沙河自述,这字幅有正体字即常说的繁体字和简体字各一幅,希望至少可以有图片公布出来,让读者观赏。

有一点,应该认可,就是这八十一字的绝妙短章的篇名,不可能是《饮酒铭》三个字。因为我们已见到的初稿手迹,就是《饮酒(仿〈陋室铭〉)》,其中这个标题中的括号和单书名号是规范处理后的形式。

马上就是农历癸卯年春节,再次与各位分享流沙河"仿《陋室铭》"的《饮酒》美妙短章。期望在推杯换盏的春节酒席上,各位都能记起流沙河的劝示。

小区墙上的题诗

　　成都市玉林小区有不少临街墙面,或字或画或字画搭配,装点成了游人口中的"艺术墙"。这些艺术墙上的字或画,绝大多数都没有署名,成了无名氏的字幅或绘画。但是,偶尔也可见到著名作家或诗人的原创作品,如有一条街的墙面上的《观儿童画》,就是流沙河公开宣布"逃离新诗"之后的一首原创新诗作品,虽然有些属于旧体诗词的味道。

　　此题曰《观儿童画》的全诗,抄录如下。

　　　　宁馨小儿女,

　　　　挑战老丹青。

　　　　生涩无匠气,

　　　　稚嫩有精神。

　　　　腕弱情偏美,

　　　　心孩趣自真。

　　　　翠色千山染,

　　　　红光万里晴。

童舞天天乐，

鸟歌处处春。

鲸鲨不扰鱼，

虎豹亦依人。

观此理想国，

暂忘闹市声。

查流沙河的私人记录，得知该诗是成都市玉林小区街道办事处的王兴华登门求得。因为是公益又是为"儿童画"发声，流沙河一听专门来访的王兴华诉求，便"允以诗一首"。时间是一九九七年五月八日的上午。次日下午，流沙河写出"诗一首《观儿童画》"的初稿，也全诗抄录如下。

天然无匠气，

挑战老丹青。

笔嫩情偏美，

心孩趣自真。

鲸豚不扰鱼，

虎豹亦依人。

观此理想国，

暂忘闹市声。

再过一天即五月十日，上午流沙河"改写《观儿童画》，添句成十四行排律一首，并书纸，将原大刻石用。下午王兴华来拿去"。

与黄维才字交往一例

不少人都觉得身为著名诗人的流沙河复出以后，其文名和诗名几乎是一个时代的重要符号了，因而他一定会看不起一些他遇到的普通人、他一定会有"高高在上"的心理或表现。其实不然。这一点，流沙河文化研究团队搜索到的与黄维才的一次交往手迹件足可证明。

中国共产党第十五次全国代表大会召开以后，成都三业公司上层领导中有舞文弄墨的人"创作"了一副对联的上联，联文十四字，照录如下。

十五大东风浩荡三业雄狮思崛起

接下来三业公司领导层，便动员其"身边"有点儿文化的员工为公司广为征求下联，自然是想让更多各界"名人"为三业公司作免费广告，又可弄得一些文化名人的"手迹"。一举多得，由此展开宣传"三业"公司的软性而又有效的推广活动。

别说有点或大或小名气的"文化人"，就连一般的识墨断字

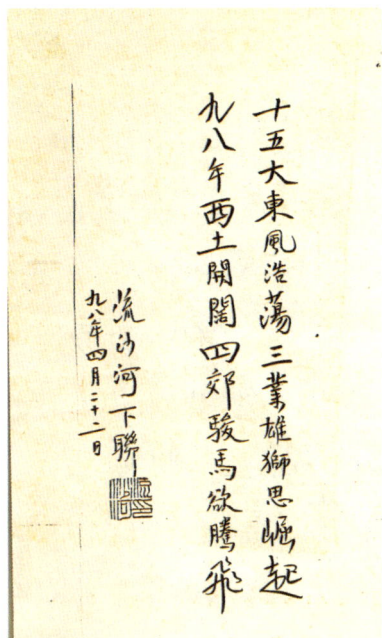

流沙河补下联的《十五九八》手写件

者,看一眼就会明白"三业"公司领导的意图。但是,流沙河得知此事后,并不这么去延续他的推想,他看到着人专门转达"三业"公司领导此意的人之来信,也正巧符合他搬字凑句的习性,就动手用软笔写出包括已有上联的全副对联,流沙河书全联如下。

十五大东风浩荡三业雄狮思崛起
九八年西土开阔四郊骏马欲腾飞

后署"流沙河下联 九八年四月二十二日",并且还附上一封工工整整的小楷毛笔写的书信。全信原无标点符号,据文句

流沙河致黄维才女士书信手迹

意思予以补上后的全封书信释文如下。

维才先生：

杨琦兄交来《三业人》一册，知你已改行且嘱我作
下联。当即凑成一副。今晨钞如后纸，请你指教。

事业有成！

流沙河

九八年四月二十二日

有了这封书信手迹，那副流沙河亲笔写下的可以标题为《十五大九八年》的对联相关史料，就可以弄个明白了。

原来一直自谋职业创办过"图书银行"时年不足四十岁的黄维才女士，最近又"改行"办工厂内刊《三业人》了。黄维才女士在九眼桥西侧一间租房中创办的"图书银行"我去过，她是让他熟悉的人的家里图书多又用不上的，把多余的书存到她那里，或售或租，赚来的利润与图书提供者分享。设想是美好的，但到她请流沙河配补三业公司对联时，确知她的"图书银行"已经中止。

流沙河对三业公司应该不是太熟悉，但黄维才女士她熟悉，或许黄维才创办"图书银行"时他也提供过他用不上的书刊，可以推测流沙河把一捆暂时用不上的书，交黄维才时反复交代"利息"也不要的场面。这回除了黄维才女士编辑或参与编辑的《三业人》印品，还有老朋友诗人兼散文家杨琦的亲口介绍，流沙河当然会满足黄维才女士的要求。

在流沙河这一边，黄维才女士的生计问题解决了，而且又在编辑企业文化内部刊物《三业人》，是多么让他高兴的事啊……

对于我们从事流沙河文化研究或喜爱流沙河墨迹的人来说，又多出一封流沙河书信和流沙河的楹联手迹，也是一件好事呢。

"笑读"章克标

　　流沙河的私人记录中,一九九九年秋有多次写及章克标:八月三十一日那一天有"复章克标先生信二纸,一是道谢赠《文坛登龙术》《世纪挥手》各一册,二是答询问取名流沙河之用意何在";九月二日有"读章克标之《文坛登龙术》";九月四日有"读完《文坛登龙术》,校文字误排十三处,列表交给龚明德。动笔写一篇读后记";九月五日有"下午动笔写《文坛登龙术》读后感",按九月四日私人记录,这里"动笔写"应理解为"续写";九月六日继续"写读后感"即"写《文坛登龙术》读后感";九月七日"写《笑读〈文坛登龙术〉》完,复印。原件附有答章克标询问一函",下午"去四医院"的"归途去邮局挂号寄《文汇读书周报》主编褚钰泉"。

　　余勋禾在为其胞兄流沙河"选编"的《游心于艺》文集——二〇一七年十二月在文汇出版社印行——中第八十二至八十五页收有写了好几天的短文《笑读〈文坛登龙术〉》和致章克标的这封信,先说一下这封信。

　　见到了章克标赠送流沙河的那本《文坛登龙术》,章克标来信写在该书扉页左边空页上，全信如下。

流沙河先生：

河里既然有沙，如何能流得好一些？

畅所欲流，沙是要阻挡流动的，沙多了，河道要被阻塞，那时就难流了。请问有个什么办法？

流沙，可能不是河吧？沙漠里全是沙，但大风一刮起来，沙也就流动了，也像有波浪，也有平顺流动。请问先生，起伏，这种流沙是不是也叫流沙河？奉送《文坛登龙术》一本，请你指教，所以也提一个问题。

章克标谨致

1999 年 8 月 16 日

流沙河的回信写于一九九九年九月一日，比私人记录上的晚了一天，百岁老人与年近七旬的诗人来往书信均值得一读，也照录如下。

克标先生：

蒙赐读大作《世纪挥手》以及《文坛登龙术》各一册，晚辈欢喜莫名，内子茂华抢着先读，堪称吾家大事一桩。有先生之亲炙，我们当可预期上寿了。在此道个双谢。

先生垂询贱名来由，敬禀如下。

四十年代末，在成都读高中，向本市报刊投稿，曾

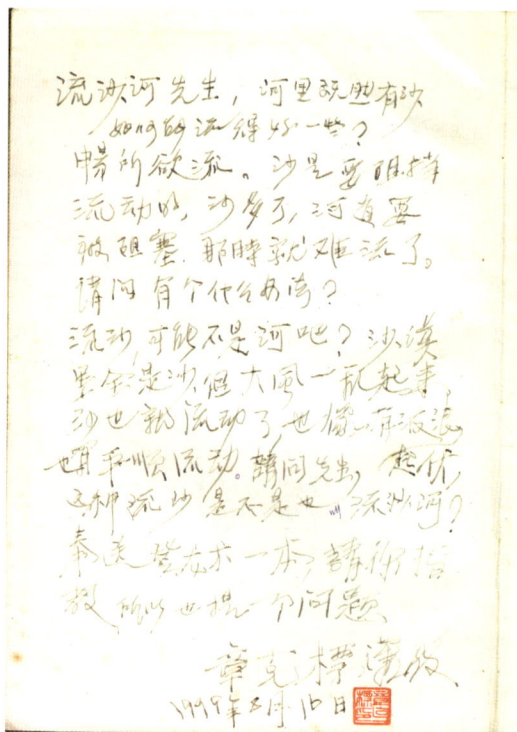

章克标来信询问"流沙河"来由的书信手迹

用笔名流沙，出自《禹贡》之"西至于流沙"，指塞外沙漠，鄙意喜其浩瀚而已。到一九五〇年参加工作，偶从旧刊上得悉早有前辈诗人用过此名，便缀一河字于后，遂成今名。年轻时誓不看旧小说，只读新文学，所以竟不知《西游记》中有这样一条河，多有妖魔出没其中。若早知道，断不至于取名从恶，以惊骇读者，而自取灭亡。儿时算命铁嘴说我："二十六岁时淹死在河里。"长大活到二十六岁，正是一九五七年，果然淹而不死在流沙河里了。可怜人生,竟成笑话。奉上拙作《Y先生语录》,恭请厕上读之,能逗笑,增腹压,当有助益。

伏颂俪安

晚流沙河一九九九年九月一日

至于"笑读"章克标,回信可视作"笑答"章克标的"趣问",也是流沙河自释笔名的珍贵文献。至于"笑读"章克标的《文坛登龙术》,流沙河真就有这么一篇文章,有一千八九百字,转述如下。

该文第二段有"半个世纪风流云散,《文坛登龙术》新版由四川文艺出版社印行。我从著者章先生那里讨到一本",也因见了章克标时任助手陈文忠原信,证实他是"遵明德兄之嘱,在老先生那里求得"《世纪挥手》和《文坛登龙术》各一册,同时寄给流沙河的。流沙河高风亮节,他自认为的"从著者章先生那里讨得一本",其实仍是百岁人瑞的作者主动送的,我作为《文坛登龙术》责编,也不敢造次。

谈了赠书说"笑读"。流沙河一收到章克标赠书《文坛登龙术》,立即分几回"笑读"一遍。他认为《文坛登龙术》是三十岁的章克标"讪弄前辈"的一本书,把"前辈"们的"示范在前"的种种"登龙术写得太及时、太真切了",遭到"前辈"们"毫不留情地申斥、痛骂、诋毁",并被"前辈"们定性"此书轻浮、浅薄、无聊","那是必然的了"。流沙河"笑读"《文坛登龙术》读得很仔细,他在《笑读〈文坛登龙术〉》一文中用简练的文字归纳的该书核心内容也很到位,就在全文第二个自然段,读者可以看原文,不再转克标先生：

承赐读大著《世纪挥手》以及
《文坛登龙术》各一册，时肇哗花草
名，好样揽着名著名读，拙编五家大事
一搞。有先生之亲笔，我们当可预
期上寿了。在此自道谢谢。

先生垂询晚贱笔由，敢禀如下。
四十年末，在成都读高中，向本市
报纸《剧刊》投稿，曾用笔名流沙，
出自《禹贡》之「西至于流沙」指甚
外沙漠，郭老云其浩瀚而已。到
一九五零年参加工作，偶续笔刊上得

悉另有一非笔诗人用过此名，便添一
河字于后，感成沙河。年轻时爱不看
旧小说，纸读新文学，即以无不知道
《西游记》中有三棵，今有妖，多持妖
魔。出沙其中，老早知道，断不至流取
发保乐，以嚼骨骂者，而自取灭亡。
岁时家恶乱称我名其户，后师说:「二
十六岁时便死在河东。」民大法到
十六岁，正是一九五七年，果然流不尔
死在沙河东了。可谓人生，竟成笑
话。奉上地著《丫先生语录归》，恭请晒
上谬之，能豆实，增胰腹，岂有助焉。

伏颂 俪安

晚 流沙河
一九九九年
九月一日

流沙河致章克标谈其传世笔名"流沙河"由来的书信手迹

引了。

概括《文坛登龙术》，流沙河认为"这不过是一部滑稽之书罢了"，章克标"不止讽刺'左'倾，非'左'倾的照讪不误"。接下来一句，流沙河妙句打总结："整个文坛被一个三十岁的青年作家扫了面子，显出丑陋真相，让人深思。"流沙河义正词严地判决："章克标先生瞧不起那些攀爬踽踽之徒弄脏了圣洁的文坛，才著了《文坛登龙术》，以其表里春秋之笔，俳谐调笔之态，痛加针砭，实有益于世道人心，堪称善举。但就章先生自己而言，这只算文章游戏罢了。"流沙河在文章末段，从章著写作的"旧社会"荡回到"今日文坛"，认为如今"文坛"的"登龙术"大有发展，章克标写到的那些"太小儿科了，只能算 ABC，远远不够用的。续篇之作，恐不能寄望于百岁老人，还须有待于三十岁的某个青年作家。啊，愿观其成"。

再过几年，我陪同流沙河前往浙江海宁，专诚拜访了章克标先生。我清晰地记得，流沙河在章宅挥笔给百岁又二的人瑞写了一副对联，联文为"二十世纪这样短　百岁人生如此长"，字风健朗俊美，干干净净地摆在吃饭的小桌子上，一行人都反复地看了又看。我们告别百岁人瑞时，老人家挂着拐杖下楼，当我们离开他时，老人家突然丢掉拐杖，挥手向我们作别。我们都惊讶了，流沙河悄声对我说："明德呀，这就是生命的奇迹！"

校读《文坛登龙术》

	误	正	
P90 L15	慧星	彗星	（注：共两处）
P166 L24	狐独	孤独	
P173 L22	身分	身份	
P180 L10	乘雷	乘亏	
P187 L19	希罕	稀罕	
P196 L5	女土	女士	
P199 L10	一麟	一鳞	
P209 L8	案咏	案喙	
P232 L20	忏悔之作	谶纬之作	
P237 L17	己走	已走	
P246 L9	虚眩	虚炫	
P254 L7	崇仰	崇仰	
P256 L8	则可以	则行，可以	

明德参考以后酌改可也

流沙河 〔印〕 1999年7月4日

流沙河校读《文坛镫龙术》手迹

说王禹偁《清明》

由我独力"策划组稿"并担负"责任编辑"的二十五万字的《流沙河短文》,二〇〇一年八月在我当时供职的四川文艺出版社公开印行,其后好几年内都是隔几个月加印至少五六千册,一直是读者喜爱的优质常销书。这部书中收有一篇"短文"《晚窗分得读书灯》,该作品二〇〇〇年初刊于天津《文学自由谈》该年第三期,时题为《书生似罪僧》。如今完全记不起来,是我建议流沙河改掉原题的呢,还是流沙河自己改了才编入此书的。八年后此文又以《晚窗偷得读书灯》编入二〇〇九年七月青岛出版社印行的《晚窗偷读》一书中。我清楚地记得,这个"晚窗偷读"的书名是我从《晚窗偷得读书灯》篇名中提取了,请流沙河用毛笔写了一个书名,手机拍图片传出版社设计封面,前不久还见到先生的这幅亲笔手泽件。

编撰《流沙河著译篇目》这类工具书时,上述这种三个不尽相同的文章篇名实为同一篇作品,文本(版本)学上称之为"异题同文"。这件异题同文的读书随笔类短文作品,在行文结构上的起承转合堪称规范,流沙河真不愧为文章高手,至少我认为是值得反复阅读后还要再读再品的好作品。我们以《晚窗分得读书灯》为此文的代表性题目,谈一谈与之相关的问题。

流沙河这篇《晚窗分得读书灯》,其实就只说了一件很小很小的"文事",即:二○○○年清明节那天上午"大慈寺茶聚",流沙河自己因清明节而记起了"少时一读成诵,至今背得"的《千家诗》上一首也题为《清明》的诗,但"忘记了"作者是谁,因为实在易记好懂,于是"我才念出来,友人就懂了";兴致在深度延续,茶聚后流沙河"回到家中,戏改此诗",改毕,"忍不住独自笑,觉得好玩",再"翻书才知",原诗的作者为宋人王禹偁,"已故九百九十九年了",但他带着《清明》这首诗几乎每年在清明节那天都"陪伴过我,安慰过我"。

我们先来欣赏流沙河根据王禹偁《清明》"戏改"后创作的七绝,题目和诗前小序为我所加。

清　明

戏改宋王禹偁同题诗

流沙河

无家无友过清明,心态惶然似罪僧。

白日红旗瞒场长,晚窗偷得读书灯。

这"戏改"的七绝四行诗,就是二○○○年清明节上午与"不多"的"大慈寺茶聚"之"友"回忆内容的"诗化"表述,特原文抄录《晚窗分得读书灯》第三段对于上录此七绝的分行解说,与读者分享。

那是六十年代"文革"前的事了。当时我以戴罪之身，在成都北郊凤凰山麓劳动改造，生活艰苦。此处有小农场，省文联的，田畴数亩，房屋一座，人员二三。我在农场种棉花，种油菜，喂猪，煮饭，皆甚努力，不敢稍有公私过犯。夜晚灯下攻读古籍，兴味盎然。场长偶尔劝导我莫再读书，但是并不禁止。有一日，他来说："流沙河，你要争取摘帽，不要再读这些古书了。摘了帽，安个家，才是办法。这农场哪能是久留之地啊！"随即抱来厚厚一叠《红旗》，这是当时中央办的政治思想月刊，放在桌上，叫我学习这个。还说要帮助我早日摘帽，使我深受感动。此后多日，有空就学《红旗》，一本接一本，枯涩如嚼纸，都忍了。只是天一黑，心就慌，挂牵着已读大半部的《说文解字段注》，总想读完。终有一夜，抛开《红旗》，溜回许段二君那里，继续钻研汉字的形音义，兴味依旧盎然不减。乡间静夜，灯下攻读，四野空寂，特别专心。加之白日劳体，大脑休闲，夜来使用，非常活跃，十分敏悟。往往多有独见心得，不免沾沾自喜，差点要说自己是天才了。

依照流沙河自己的叙说，"戏改"的七绝《清明》第三行"白日红旗瞒场长"中的"红旗"要补加书名号，因为是一本杂志的刊名。读明白了流沙河"戏改"宋人王禹偁《清明》的同题诗后，我们再随流沙河对原诗的解读，回头来读王禹偁的《清明》。

清　明

王禹偁

无花无酒过清明，兴味萧然似野僧。

昨日邻家乞新火，晓窗分与读书灯。

　　撮录流沙河在文中对王禹偁《清明》的解读，如下："'无花无酒'映出冷淡生活"，"兴味萧然"地孤人一个；任他世人赏花饮酒过清明节，我这个"野僧"一般的诗人独自点灯通宵读书，不随流俗。对这首宋诗七绝《清明》的艺术特点，流沙河的评论是"清澈明晓"，"文词有简洁之美，韵律有铿锵之美，可读可听，尤可自家娱悦"。末了，流沙河公布了他的重大发现："翻书才知，此诗尾句有作'晚窗分得读书灯'的。晚窗才通，晓窗不通。"——至此，我们也才完全搞懂流沙河"戏改"王禹偁《清明》而得的同题诗，何以末句是"晚窗偷得读书灯"了，原来是流沙河把他的"科学考证"成果转化为新写的诗行了。

　　然而，"隔行如隔山"。在文化研究方面，不跨行随便乱讲，是无法不遵守的定规。否则，肯定要出洋相、闹笑话。王禹偁这首《清明》不是可以单就字面意思，就可以讲透其涵蕴的。该诗后两行是当时颇为流行的一个重大风俗，即寒食节，一般为三天，到清明节次日清晨天亮为止。寒食节这三天中，不准点燃柴火煮饭，全吃冷食。宗懔《荆楚岁时记》说"禁火三日，造饧大麦粥"，我的理解就是在这三天不烧火时，提前用大麦熬粥再将其制成面团那类干饼类冷熟食物，供人们充饥果腹。

王禹偁《清明》写自己这年清明节哪儿也没有去,连夜晚也在通宵达旦地看书。估计每年都这样吧,所以"邻家"照例"昨日"已经约定寒食节过完的那个清晨做早饭前,要来讨借火种即"乞新火",就是早上天亮时("晓")从"窗"外拿来引火的材料,自王禹偁的"读书灯"燃着的灯芯上取得火种,"分与"即分给。联系寒食节期间都不烧柴火这个风俗,"晓窗"万万不能改为"晚窗"。如果真有一个古本的此诗此句是"晚窗",自然就闹了笑话了。

王禹偁以包含清明在内的寒食节为内容的诗,最著名的还有一首七律古体诗《寒食》,被钱锺书收入《宋诗选注》,原诗照录如下。

寒　食

王禹偁

今年寒食在商山,山里风光亦可怜;

稚子就花拈蛱蝶,人家依树系秋千;

郊原晓绿初经雨,巷陌春阴乍禁烟。

副使官闲莫惆怅,酒钱犹有撰碑钱。

第六行"禁烟"即不烧火煮饭,三天一律吃冷食。公元九九一年,王禹偁得罪了宋太宗,被贬到陕西商县做商州团练副使。和《清明》那首七绝诗一样,这首诗也是以苦为乐:最小的儿子野地里"就花拈蛱蝶",诗人自己为人写碑文收获少许润笔也有了"酒钱",可以弄点薄酒,也过过寒食节。正如流沙河评《清明》一样,这首《寒食》也是"清澈明晓","文词有简洁之美",中等文化程度的读者不看注释也大致读得明白诗人要表达的意思。

创作歌词《云淡天高》

流沙河二〇〇九年八月四日在成都大慈寺友人例行"周二茶聚"时,回答了茶友关于歌词《云淡天高》写作缘由的提问。流沙河的回答经该茶友根据记录整理成文后,挂在当时其于天涯社区开设的博客《茶馆问学记》中,大意为:该歌词是成都石润声找到我,说谷建芬委托我写一首诗再由她谱上曲,好像是她的学生给她贺寿的晚会上演唱,在中央电视台播出,最后一首唱的,她和她的学生毛阿敏、那英和孙楠等都唱得哭了起来。

这首题为《云淡天高》的歌词,包括副歌全文为:

> 风也过,雨也过,风风雨雨都留给历史的漩涡;
> 悲也过,喜也过,悲悲欢欢都沉入记忆的长河。
> 看窗前灿烂秋光,一片成熟的晴和。
> 好也过,歹也过,好好歹歹都属于他人的评说。
> 看天外缓缓飞翔,一群自由的仙鹤。
> 云淡天高,云淡天高,万山枫叶红似火。

流沙河记性好,他用四川话朗诵完了全首歌词后,还自我评说道:"我认为世间一切,转眼云烟,一切都成为历史、成为过去,什么都带不走。所有的人都是输家,只有时间是唯一的赢家,这确实让人很伤感。"

由《云淡天高》词作者本人来自述该歌词的创作由来,一般来讲当然应视作珍贵的"一手史料",但倘若当事人自己也没弄清楚所述事情的原委,"自述"还得经过一番更为可靠的"田野调查"取得更为坚硬的佐证且反复核实无误后,方可被认定为史实。

由流沙河作词、谷建芬谱曲的《云淡天高》,二〇〇一年九月七日在中央电视台新闻频道首次播放,的确是在谷建芬贺寿晚会即"绿叶对根的情谊——谷建芬作品音乐会"专场演唱会上作为最后一曲歌曲演唱,由谷建芬率其弟子毛阿敏、那英和孙楠等共同演唱。因为词曲作者和演唱队伍均为"强强联手",一经播出,顿时成为经典歌曲,二十多年来被反复播放或演唱。但是,歌词写作和配上乐谱乃至公之于世的真实动因,却并非如流沙河"自述"的那样简捷和顺利。

二十世纪八十年代前被借调到四川省戏剧家协会工作的石润声,二〇〇〇年夏初受四川电视台"黄金十频道"的委托,准备创办"乐龄时空"节目,该节目需要聘请几位德高望重的文艺界前辈担任顾问并需要一支主题歌。石润声首先想到成熟的老诗人熟朋友流沙河,觉得只有他不仅可以担任该节目的顾问还可以创作该节目主题歌的歌词。在这年五月二十一日的私人记录中,流沙河写道:"昨夜石润声来,嘱任他将主持的乐龄时空之顾问,兼写一歌词。允。"流沙河五月二十二日上午改定了题为《云淡天高》的歌词,还应石润声之请为该"拟议"中的节目题写了"乐龄时空"四个毛笔字片头。

石润声五月二十四日下午专门来余宅取走"刊头字与歌词《云淡天高》",他读了歌词后,觉得可以为流沙河创作的这首《云淡天高》歌词谱曲的,只有谷建芬。于是他就把流沙河的《云淡天高》寄给北京的中国音乐家协会,转请谷建芬谱曲。但是,这档有流沙河应石润声盛邀参与的"拟议"创办的"乐龄时空"节目,在四川电视台"黄金十频道"却未获通过,这首在成都诞生歌词后来传遍圈中的好歌并没有在成都首次被演唱或播放。

还是谷建芬"识货",在她的贺寿晚会即"绿叶对根的情谊——谷建芬作品音乐会"专场演唱会上,以压轴之歌曲首次隆重推出了《云淡天高》,这已经是流沙河写作歌词《云淡天高》近一年半以后的事情了。

石润声,比流沙河小一岁,一九三二年出生,一九四八年随父母迁居成都,先后在华西协和中学、铭贤中学就读,一九五○年参加中国人民解放军,进入总参第二通信兵学校和高级通信学院学习、工作。一九五八年转业后进入成都市话剧团从事话剧表演,并多次参与四川省或成都市广播电台广播剧、小说连播和诗歌朗诵会等文艺活动。一九七九年底借调到四川省戏剧家协会工作,一九八二年至二○○三年主要从事电视剧制作与国外电视剧译制配音等工作。

还有一个细节要订正,流沙河回答茶友提问时说谷建芬比他小一岁,也不准确。谷建芬一九三五年出生于日本大阪,比流沙河小四岁。

与扬雄的《方言》

　　流沙河有一篇短文《荔枝取名猜想》，写毕于二〇〇四年六月十七日。该短文共四个自然段，全文不足千字，第二段和第三段都提及扬雄的《方言》，曰："犹记'文革'前读扬雄《方言》"如何如何，"可惜我的影印刻本《方言》，早被抄没，无法引用。忽想起嘉兴市秀州书局，亟去一函索购。儒贩范笑我帮大忙，复印一册，邮寄惠我，感激莫名"。

　　流沙河说的"复印一册"《方言》"邮寄惠我"的"儒贩范笑我"，可以讲是那一二十年几乎国内称得上"读书人"的莫不知晓。我陪流沙河去嘉兴访问过这家秀州书局，其实就是一个不足十平方米的小小书店。印象中当时的秀州书局，简直像偏僻村庄中一间小阅览室。冰心用毛笔书写的"秀州书局"招牌就一张白纸原件贴于旧墙壁，一副名家的对联也是用几个图钉扎在门框上。没有像样的书架或柜台，要买什么书，就到院子里面另一间破屋里的书堆中去找。那次我就"豪买"了一两百元的当地乡邦文献类图书多种，好像范老板也是原价照算，还是有点儿贵。

方 言

〔西汉〕扬 雄 撰

李传书 整理

流沙河使用并批注过的扬雄《方言》复印件

就这么一家"秀州书局"，却红遍中国读书界。儒贩范笑我写得一手好文章，他自己编印了一份单面油印每期四页的活页《秀州书局简讯》，忘了是月刊还是半月刊。我是从创刊起，一直得到范老板的寄赠。读到第五六十期的时候，我觉得成都至少还有流沙河应该看看这份"简讯"。就把头几十期送到余府，亲手交给流沙河。似乎他老人家看后，又"借"给他的友人传观。隔了一段时间，我记起这事，去余府讨还未果，至今仍遗憾这一份全套"简讯"头几十期的"血本无归"！要知道，后来根据这"简讯"公开出版的几本《笑我贩书》，删改处不少。众所周知，我是"版本研究家"，如此上好的"版本"文献却找不回来了……一笑可也。

回归正题，流沙河文化研究团队四面八方搜集的纸质文献史料中，恰好有这份范笑我遵流沙河之嘱复印的一册《方言》，十六开本三十页，是以"四部丛刊初编经部"《方言十三卷》为底本、以清光绪红蝠山房《方言笺疏》等为参校本加以校勘，还改正了明显错误后而形成的简体字重排本。按流沙河自己的回忆，他"文革"前拥有的《方言》，应该是商务印书馆民国年间缩印的双鉴楼藏的宋刻本。

正如《荔枝取名猜想》一文中所写，虽然仅仅是一个简体字本复印件，流沙河仍然在得到后"感激莫名"。见到曾存余府的"看家"读物之一的这本《方言》复印本实物，封面是庄重的收件记录，还盖了一方私人名印，足见宝之又宝。本来就是一本篇幅很小的工具书，但从郭璞的《序》起，直到全书完结，留下了流沙河三四百处的红色铅笔标示和软笔批注，已成为"流沙河文献"

中的珍贵印品之一，其中的手泽批注值得影印成书供后学参考，此处不再征引。

在网上得见范笑我自己制作的一个专题朋友圈贴件，贴件中有流沙河二〇〇六年十一月二日写给范笑我本人的一封书信，共两页，不再转抄，贴出清晰书信图片，供各位欣赏，我们也庆幸"流沙河文献"又多出两页书信手迹。这封书信需要说明的：一是写完全信的页首补句"附上私人记录印页"，请教过范笑我，这"私人记录印页"即流沙河二〇〇〇年九月十四日在嘉兴那天的私人记录；二是"完成小文一则"，就是《荔枝取名猜想》。

扬雄的《方言》是方言研究和训诂学的必备工具参考书，全称是《輶轩使者绝代语释别国方言》。《方言》三万多字，扬雄却用二十七年来研究才撰写成，看全书阵势，还是未完成的半成品。《方言》的撰著体例仿《尔雅》，类集古今各地同义词语，大部分注明通行范围。材料来源于古代典籍和直接的口头调查，可以看出汉代方言分布情况，为研究古代词汇的重要材料。

研究古汉字，仅仅是流沙河作为学者的一个考察项目，他对一小本基础工具书，不仅中青年时就拥有还细读，年老后仍念念不忘，搞到手后才终于放心。又接着研究性地细细赏读，才写出更新的一篇"猜想"短文来。我们如今，什么都"百度一下"，抄完了事……

怀念先生做学问的诚恳、扎实。

笑我先生

　收到秀州書局二函，承問訊並取回郵之

即讀了。……正在忙着，實載一包很

忙，世間事事有緣……又有緣哪有不

……的……生閑的……

……先生方……便後不……

……我與先生……有年一郵購

多次，……大……揚……方……

……書畫……

我……感激……五人相好……

……忘先生之經過，今

……

……順頌

……流沙河

　二〇〇六年十一月二日

(028)86781738

"一首天才的诗"

　　安徽教育出版社二〇〇六年八月印行的《流沙河近作》，其中收录了一篇题为《两个无名和尚》的文章。据间接材料，得知此文曾以《我所记得的两个和尚》在刊物上发表过。这篇文章说及的"两个和尚"或"两个无名和尚"的事，都发生在青城后山老林间。不排除至今三百多年间民间流传过程中的"再度创作"，但流沙河写到的基本事实还是值得转述的。

　　这是明朝崇祯十七年，即公元一六四四年，流寇张献忠屠四川，攻入成都。继而建都称帝，国号大西，以蜀王府为皇宫、以成都为西京，声威显赫。但第二年兵败溃逃，导致大西政权瓦解。张献忠率残部逃向青城后山，沿途烧杀劫掠。后山低处有泰安寺，其僧众大多闻风忧惧，但仍有一个"无名和尚"坚守寺庙，终被溃兵逼向绝望，"触岩而亡"。

　　自泰安寺再往"青城后山更深更高处"，有一处名叫"白云万佛洞"的寺庙，僧众得见山下起火，"知悉古寺被焚，流寇将至"，都"纷纷逃命去也"。但有一个"法名亦不可考"的"无名和尚"却异常沉着。这个"无名和尚"逃亡之前，郑重其事地留下一首洞

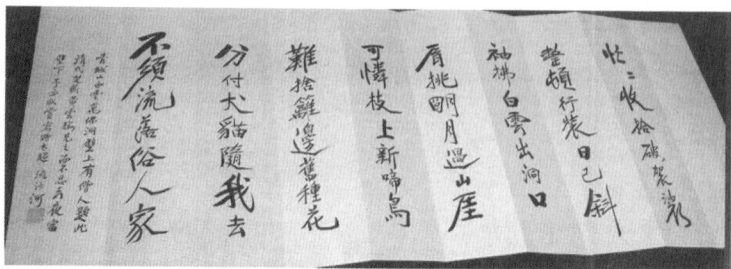

流沙河书无名和尚诗作的字幅

壁题诗,全诗特录如下。

> 忙忙收拾破袈裟,整顿行装日已斜。
>
> 袖拂白云出洞府,肩挑明月过天涯。
>
> 可怜枝上新鸣鸟,难舍篱边旧种花。
>
> 吩咐犬猫随我去,不须流落俗人家。

　　寇乱平息之后,青城后山逃散了的僧众纷纷回到寺庙。白
云万佛洞庙貌重光,洞壁的这首诗保留下来,真是万幸。寺僧钩
摹字迹,刻石嵌壁,以俟来者。此处地势毕竟太高,游屐罕至。
岁月既久,漫漶苔封,此诗再次被人遗忘。直到清末,湖北人黄
云鹄到成都来做官,官拜臬台,也不算小,偶然发现此诗,才使之
流传下来。

　　这黄云鹄就是民国时期国学大师黄侃之父。同当
时的许多高官一样,黄臬台会做诗也会写字。蜀中名
胜古迹多留有他的墨迹,或为诗作,或为联作。要举出

特别精彩的，恕我孤陋寡闻，我一首或一副都举不出。至于字作，想必是见得多了，我能认出他的字迹。其楷书端正有骨力，行书俊秀。然人多以为带俗气，亦未知是否，不过我爱看。

黄云鹄做臬台官时游青城后山，在白云万佛洞石壁上读到无名和尚留下的这首诗，大受感动。这是什么诗啊，像口语似的明白浅显？这也算是诗吗，典故都不用一个？这不是那些陈腔滥套的诗，也不是那些典故搪塞的诗，更不是那些东拼西凑的诗。这是一首说迫切事、写眼前景、抒心中忧的自然感人之作。黄云鹄在洞壁前油油不忍去，玩味吟哦，与那无名和尚在冥冥中交谈，分享忧患，同感悲伤，竟至改动游山日程，留在此处睡了一夜。这样好的诗，不必用笔记，只三诵便可终生不忘了。

我能读到这首诗，应该感谢黄云鹄。他或许不是写诗的天才，但他能被一首天才的诗感动，这就很不错了。我游青城后山，从未上过白云万佛洞。据说，现今那上面有个白云观，未听说什么洞，也未见过万佛。几度沧桑，那里已经是道士的宫观，没有和尚的寺庙了。至于洞壁刻诗，早就泯灭，无踪可寻，令人叹惋。

一年一度避暑楠庄，总想念那两个无名和尚。历史是不写他们的。尤其是在特殊年代，他们的故事无人敢叙述。谁说，谁就是在"敌视农民革命战争"，那是"绝不会有好下场"的。千秋功罪，悠悠难定。一反一

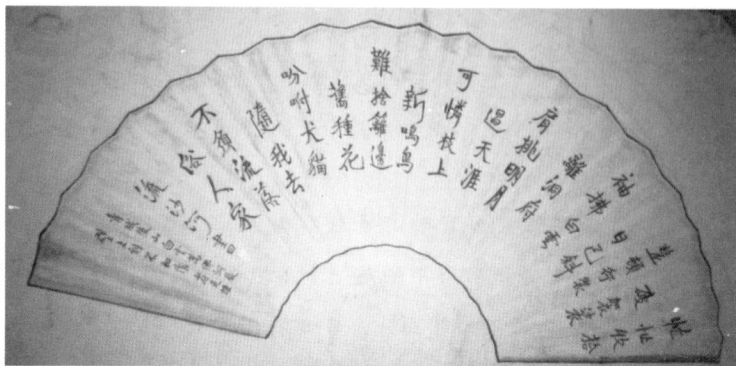

流沙河书无名和尚诗作的扇面

复谓之道，还是放眼长看吧。

以上四个自然段录自流沙河《两个无名和尚》后半部分，我们不再说什么了。以我们所见，流沙河至少两次用书法作品完整抄录过这一首无名和尚的诗，特展示扇面一件，供赏。据《成都文化通讯》二○一三年第十期发表的《我心牵挂为一诗》短文介绍，说这位写"忙忙收拾破袈裟"诗的和尚，其法号叫"了虚"，人称"了虚和尚"，但该文没有说明这个法名作者是怎么知道的。

校　稿

北京的新星出版社二〇一五年一月印行的《晚窗偷得读书灯》一书，书名上方的小号肩题字为"流沙河书话"，里面收入了不少流沙河为他人的书稿所写的序。流沙河为他人的书稿写序，有一个雷打不动的习惯，就是一定要读完全部书稿才动笔，所以他的序文都是好处说好、不足之处也具体指出来。流沙河为他人的书稿究竟写过多少序，这本书估计一半都没收齐。他这样认真阅读他要写序的书稿，不说穿也明白，只有诚恳忠厚老实的人才如此干，因为这样要费好多时间和精力。不少聪明到狡猾的大大小小所谓名人为他人的书稿写序，说的或者是好听的空话，或者是正确的废话，自然是没时间没精力读完全部书稿，写不出实实在在的心得或评说，不说也罢。

四川人民出版社一九九八年二月印行的《阳光与玫瑰花的敌人》一书，是《四川文学》编辑部一位当年的青年编辑写的随笔文章结集，作者"读书极其饕餮，口感不择，胃纳能容"，"加之消化良好，排泄畅通"，直接在电脑键盘上敲出了这么一本书中的几十篇文章，打印出来，出版社也欣然接受印行，便求流沙河赐序。流沙河费了好几个整天连带夜间加班才逐字逐句逐标点地校读了全部书稿，虽然很是累倦，还是在这序的末尾幽默地如实说出作者书稿"'未经精审核校'，错字不少"的大毛病，流沙河这样写道：

> 该书作者发现了张放《家园的味道》一书"未经精审核校"，错字不少，慨叹"痛如何哉"。殊不知他自己的这本书也有不少亥豕，被我一一牵出，欢呼"乐如何耶"。一笑收笔。

这篇序写于一九九七年，流沙河已是六十六岁的人了，还如此认真，让人感动。所抄录的一节序文中的"亥豕"，是"鲁鱼亥豕"的略称，这四个字等于"错别字"的意思。在古人刻本中，写在木板上供刻工刻字的本来是"鲁"却被刻字工人刻成了"鱼"、本来是"亥"却被刻字工人刻成了"豕"，这一类形近字在木刻本古书中不难发现。流沙河为之写序的《阳光与玫瑰花的敌人》一书，是作者用电脑键盘录入的文稿，兴许有五笔录入的也有拼音录入的，导致因字音相同、因字形相似而误选的字就更多了。可惜该书的作者没有公布流沙河为他的书稿"一一牵出"的"亥豕"，无法欣赏流沙河"牵出"差错的战果。

流沙河上述那序引文中"张放《家园的味道》一书"，也是散文随笔集，是一九九三年十月由成都出版社印行的。张放是四川大学中文系教授，写得一手好文章，同行都赞扬他的散文随笔是"才子文笔"。《阳光与玫瑰花的敌人》的作者在该书中有一篇文章评论张放的《家园的味道》，也直言此书"'未经精审核校'，错字不少，慨叹'痛如何哉'"，被流沙河善意地笑谓真是"五十步笑百步"，也是一趣。

仍是这位张放，有一本学术研究文集名为《文苑星辰文苑风》，在四川文艺出版社一九九〇年八月印行，我是这书的责任编辑。张放把文章收在一起编成一部书稿，直接交流沙河请他写序。流沙河用一个星期读完全稿，转到我手中的正是从头至尾留有流沙河校订手迹的全本书稿，还有流沙河用毛笔小楷写的一篇序。书稿三审三校在出书后就由出版社总编室作为档案保存，我忘了复印一份。现在只记得张放手写稿中"夏丏尊"的"丏"全是乱写一气，也不是"丏"、也不是"丐"，就是用笔绕来绕去写了一个字，但我知道是"夏丏尊"的"丏"。流沙河改了五六处后，干脆用红色字把"丏"的笔顺写了一遍，共四画。

可以说，这个"丏"字，我彻底掌握其规范的写法，就源于流沙河的这次提示。

到这里，我也自暴己丑。流沙河一九九六年七月在炎热的盛夏为我的《新文学散札》写过一篇序，在这序的末尾，他写道："明德先生拿出此书之印刷清样本，嘱作序焉。谨受吩咐，先逐页通校过，改错字八，写稿纸三，乃毕。"这里说的"写稿纸三"就是他为我这本书作的序写了三页稿纸，有两三千字，可以说没有一句空话，全是实实在在的评点。好就好在"改错字八"的纸条，我当时就觉得是一件文献，一直珍藏着，正好拿来作插图之一，就不再抄写了，请直接欣赏流沙河的清秀工楷的正误表。

因为工作关系，三十多年来，我经手了流沙河大量的文献和

改错字八

19页　撕—厮
77页　人—水
79页　市—巿
124页　峻—歧
173页　待—代
175页　薰—熏
180页　　—景
236页　路—跑

流沙河为《散札》涂墨

流沙河清秀工楷的正误表

书稿，如二〇〇六年八月由安徽教育出版社印行的《流沙河近作》就是我独力组稿并反复看了两三遍校样的书稿，但出书后版权页上没有我的劳作记录，直到见书后我和流沙河才发现这一点。该出版社或许估计到了流沙河这书可能受欢迎，急着印出来上市发售，导致流沙河与我最后各又细校一遍的成果没有来得及在书稿对红样上订正。这书出版后，我们俩都颇为郁闷。流沙河见我很过意不去，亲手在一本毛边本上写了一段话，补加标点符号过录如下。

　　明德经手此书，惜乎出版社那头未全照清样改正错讹，致使鲁鱼亥豕尚多。一叹！

流沙河

〇六年十一月十九日

为了流沙河在天堂微笑地看着他的后辈同行和读者能知道这本《流沙河近作》"尚多"的"鲁鱼亥豕"到底有哪些,借此机会公布如下,以供认真的读者过录在自藏的该书上。正误表中,向上的箭头表示倒数、向下的箭头表示顺数。

页 行	误 / 正
4↓10	彼鸟 / ～岛
28↑8	火焻(锅金旁误为火)/ ～锅
60↑9	青阳 / ～羊
105↓15	善战 / ～哉
103↑3	两处"干"应为"支"
116↑3	狩措 / ～猎
135↓3	桃花远 / ～～运
213↓8	烛光中 / 月～～
213↓8	眉月下 / 删去
213↓8	萤火虫 / 缓飞的～～～
221↑4	可心 / ～以
223↓10	书房 / ～桌
231↑2	乡恋 / ～愁
236↓4	玉石 / 石后补逗号

这本书共十九万字,这里十四处差错虽然还没有超出国家规定的允错率万分之一,但说实话,我很难受,怎么为了赶时间

出书，连已经看出的差错都不订正呢？流沙河和我那时都很忙，也没有去交涉此书如重印再版务必改正的事。好在读者们也麻木了，差错再多些的书，他们买回后，也不会去投诉。其实，你投诉了，也没有强力部门去管。这，就是现实。

虽然流沙河如此认真地义务为他作序的书稿仔细校对，但他自己的书稿仍留有不少很扎眼的差错，仅举前面提及的"流沙河书话"《晚窗偷得读书灯》其中一篇短序文尾一处差错。这篇短序题为《同舟夜话》，是应约为《山西青年》杂志所编的一本获奖散文集写的，写得很有趣。该序把所有获奖者的散文辑为一本书，比喻成同乘一条船在夜间航行，写序者以年长之人说了几句心里话，最末为：

> 你们对未来，应该有信心。骗人的假货，害人的劣货，固然排挤你们，逼你们走小路，但是也使你们相形增值。无浊流，何以见清流？无谓，何以见泾？

引文中的"无谓"，应该是"无渭"。这一句与前一句"无浊流，何以见清流？"是同义反复，错成"无谓"就讲不通了。这个"渭"和"谓"无论是五笔录入还是拼音录入，确实容易选错，因为读音和字形都差不多。这是一个典故，源自"泾渭分明"。泾河发源于宁夏、流经甘肃和陕西入渭河，水清的泾河流入水浊的渭河，清浊分明，比喻界限清楚、是非分明。你把一句精心推敲写出的"无渭，何以见泾？"中的"无渭"弄错成"无谓"，让读者搞不明白流沙河要说什么。这本书是匆匆忙忙在成都由非专业人员集稿、录入,没有好好编辑、校对,就在北京的新星出版社赶紧印出来,真对不起一贯重视书稿编辑校对质量的流沙河,出书时他老人家还健在呢。

与老读者的一次见面

　　北方文艺出版社二○一八年十月印行的《草木之秋》一书，副书名为"流沙河近年实录"，是一部颇受欢迎的"流沙河"专题回忆的读物，而且流沙河生前已见书。作者签名赐我一册，我又请流沙河也在该书扉页题词留念。先生用英文写下了"随风而逝"即"*Gone with the Wind*"，老人家还对我口头解释说："书中所写的，很快就会被人们忘掉。"这，当然是被写者的谦谨。我对该书的看法，与作者在《自序》中写的一样，认为既然是"客观实录，一字不虚"，当然就会传下去，至少可被后世的"流沙河研究者"用作可信史料素材。前后叙说有出入者，亦可存异，供专业学者进一步探讨。

　　该书前面大部分篇幅为作者的"实录"，后面附录部分为七位流沙河老友的回忆。因我专弄考据，对关于同一件事的不同记述，极为敏感。该书作者本人的《与官人谈诗》，仅三百多字就说了一件事，照录如下。

　　二○○九年七月一日晚上，流沙河被草堂诗书画院友人邀请，说是某前高官在那里看见他写的对联，一时兴起想见他，谈谈诗词什么的。依照流沙河一贯的德行，他是不愿见官爷的，我也多次听他在电话中推辞这类事情，如前不久北京来的文化高官。至于此公，与他更无任何交集。但他此次竟然答应赴约了，两个多小时后才回来，脸色不好，闷声不言。

怪哉！是欣然乐意吗？显然不是。是惶惶被迫吗？也不至于。那为啥前倨而后恭呢？你又不是苏秦的嫂子"喜季子多金"！至于谈诗何如，我问都不想问他。为此我三天黑脸不与他说话。

后来我将此事讲与他的"右派"友人听，对方说："唉，我们这些被整过几十年的人，心理上都有奴隶恐惧的创伤，跟随一生！"但此话我不敢苟同！快八十岁的人了，风雨一生，还怕他们吃了你不成？

这件被该书作者"实录"的一件事，附录部分头一文《"不如去卖字"，依旧一书生》长文中也写及，照录如下。

一个盛夏之夜，成都金牛国宾馆里，同样也是酷爱写诗的前外交部部长，自喻为"粉丝"，邀请青春"偶像"流沙河茶叙。二人对坐于室内茶榻，先生衬衫短袖，折扇轻摇；前部长热情洋溢，海阔天空。紧凑的两小时中，前部长争分夺秒，在略忆了自己在一九六二年至一九九七年期间，五次在成都寻访先生而未果的情景后，随之便是间不容发的连珠炮般的提问，涉及十九至二十世纪中国和外国（尤其是俄国）的大量作家作品。眼花缭乱的数十个名字、数十部作品，颇多我这个中文系毕业的学生所素未悉闻者。而先生皆不假思索，脱口随答，皆寥寥数语，即道其要，使话题的切换迅速完成。

同样一件事的"实录"和现场记载，虽然各呈方向，但仍可在细读之后，弄出真实的事情原貌来。该书作者是与流沙河共同生活二十六七年的伴侣，她的"实录"值得我们信任。《"不如去卖字"，依旧一书生》的作者在现场陪侍，他的现场实录，应该更值得我们信任。

对于这么同一件事的书写，我仔细对读两种录载，认为都是有根有据的，是同一件史实两个侧面的实写。

在"成都金牛国宾馆"里，流沙河的言谈举止，是他面对一个曾为"前外交部部长"之自己的老读者的礼貌回应，不可以有太多过度的释读。接待任务完成返回家中，被二十多年的生活伴侣《草木之秋》作者"实录"的流沙河的"脸色不好，闷声不言"也是真的，我们作为读者，更无过度阐释的必要。我个人的看法，流沙河干完一件事，他不愿意再细述刚发生的一切，沉默应对家人，也是正常的。

《文字侦探》的书名

　　被流沙河遗孀在二〇二二年十月广西师范大学出版社印行的《做蝴蝶梦》一书的《编前语》首句定为"'说文解字'四书"即《流沙河认字》《白鱼解字》《文字侦探》《正体字回家》中的头两本书，其实是"异名同书"，即同一本书的两个不同书名。只不过，《流沙河认字》是排印本，《白鱼解字》是手稿本。这个基本的"流沙河史实"按理不该错，流沙河自己二〇一二年七月十三日在《白鱼解字》的《自序》中曾明确交代过：《流沙河认字》的排印本虽"排印"上的"错讹之处不少"，但却是"数十年萌芽"之"播种心田"的"结了一枚瘪果"的"报答恩师的一炷香"。为什么手迹本又改书名为《白鱼解字》？是因为"书名，不好照旧"。

　　如果真要给出流沙河"'说文解字'四书是哪四本书"的"标准答案"，那就是《流沙河认字》(手稿本易名为《白鱼解字》)、《文字侦探》和《正体字回家》，再加上中华书局二〇一七年八月印行的《字看我一生》。这"四书"中的《文字侦探》是一本小书，也是"排印本"，实际字数只有五万多字，五十篇千字短文，"每篇说二字"。然而，这个只有五万多字的小小单行本《文字侦探》，其书

流沙河 成都日报专栏

编者按：当我们越来越用电脑的敲击代替汉字的书写，作为汉字传人的中国人，越来越把汉字本身的美感忘却了，它变成了一种电子符号，和汉字本身渐行渐远。

现在我们常常说到国学，其实，汉字本身当中包含了许多的国学内容，中国人观念里的天文地理人伦关系，在汉字里都可以体现出来。并且，还有一条非常重要，就是汉字应该是以赏画的姿态进入的，汉语汉字本来就是诗意的，关乎胸襟的，关乎情感的。以赏画的姿态进入，才是有趣的，才是中国的。

回到汉字的美，回到童真，找回趣味，像汉字那样去诗意飞翔。请关注耄耋之年的沙河老师专门为本报撰写的"认字100——流沙河成都日报专栏"。

天 地

该怎样造天字，难坏了我们的祖先。天，抬头就能见到，古人谓之"彼苍苍者"。奈何头上的这个天，本无一定之形。以管窥之，天是圆形。从窗口望出去，却是方形。想来想去，天空无形可象，不能用象形的办法造天字。不能象形，就象意吧。所谓象意，就是让你看图画猜意思。距今三千五百年前，商代的甲骨文（刻在龟甲和牛骨上的古文字）最早使用天这个字。看下面这两个甲骨文，便是用象意的办法造出来的天字。第一个天，大字头顶画个方形，暗指天空。这正是造字者从方窗望出去所看见的。第二个天，大字头顶添个上字（注意不是今之二字），暗示头顶之上是天。至于大字，本象人形，也就当作人字认了。古文字欠周密，请原谅古人的混用吧。

到周代的金文（铸在青铜器上的古文字），天字变成大字头顶画个圆形。或许这时候已经有"天圆地方"的说法了？如果圆形暗指天空，那就不好说这是头颅了。后来又到篆文，再变，圆形变成横杠。这一横杠暗指天空，而非今之一字。到东汉许慎著《说文解字》，乃曰："天，颠也。至高无上。从一大。"天颠二字音近。以颠释天，古人谓之音训。颠本人的头顶，用在这里却指无限高的天空。

地字从土也声，是形声字。从土，是说土字参与字义。也声，是说也字作为声符。地古音 yi（上声），与也（ye 上声）音近，所以用也字作声符。《说文解字》认为也字乃象女阴之形。后人据此创说，地属坤道，为阴为女，所以地字是由女性器官参与字义。此说太玄，恐不可取。须知地字只是声符而已，并不参与字义。解说文字，不可标新立异，惊人听闻。

甲骨文和金文不见地字，只有土字。土字象土块形，下横为地平面。在甲骨文，土和社本一字，土即社，社即土。古人以土块为神祇，崇而拜之，祈求丰年。后世乡村有土地庙，供奉土地公公，又称社公。春季拜土地神，谓之春社。

村民聚会娱神，就叫社会。社会一词，竟然是这样产生的，想不到吧？

天 页 大 秀 大
篆文 金文 两个甲骨文

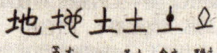

地 埅 土 土 土 亾
篆文 篆文 金文 甲骨文

名我已见者至少有三个。最早在《成都日报》上连载时题为《认字100》，二〇一一年六月新星出版社印行初版本《文字侦探》之后，二〇一五年八月又改书名为《解字一百》。定书名为《文字侦探》时，还有一个副书名"一百个汉字的文化谜底"。

被流沙河在《文字侦探》的《题解》中定性为"比《流沙河认字》更加通俗易懂"的这本五万字小书，其写作缘起和写作过程，也是值得细说一下的，因为一个七十九岁的老人在炎夏闷热的成都"刀耕火种"地查阅资料、构思篇章乃至握笔成文，真是一个不小的"工程"呢！就在这本五万字小书的《题解》中，流沙河不仅定下写作原则之一要"更加通俗易懂"，而且还有几乎很难实施的"但愿我能少办一些冤假错案，免得仓颉夫子骂我呸我"之写作追求。一个年近八十的文化前辈，不仅饱学，而且勤奋如此，严格鞭策自己如此，让我们这些后生"高山仰止"地敬佩。

就在《文字侦探》五十篇短文最后一文《到今》的头一段，流沙河自暴其"丑"地恳切承认自己给汉字"今"办过的一起"冤假错案"。照录这段"检讨"：

> 篆文至由于变形过甚，被我误看成燕子飞来屋檐下，真是美丽的错误。又联想到《礼记·月令》之"仲春之月玄鸟至"，燕子古称玄鸟啊。正好发挥想象力，愈想愈有理。写诗可以这样，做学问不可以。做学问要求拿出证据来，要实证。甲骨文有长箭杆而小箭头的，一望便知是矢非鸟，此证据也。

这段自责文字,真是击中要害的"检讨",不仅承认自以为是的"误看成"和轻浮虚空的"愈想愈有理"的"发挥想象力"的错上加错,还正面实锤砸中痛点"做学问要求拿出证据来,要实证"的前贤之耳提面命——甲骨文字形"至"摆在那里,"一望便知是矢非鸟,此证据也"!

由于流沙河读书太多、懂的也多,而且记性特好,他在释说一个字的源流或含义时,往往主观上想平平常常地写成通俗的"人话",但一落笔却仍成为古奥含蓄的表达。初读而又没有反复细心领会文章习惯的人,如果不具备慢慢欣赏的天赋耐性,就会觉得不知道他在说啥。也因此,读流沙河释说古汉字的著述,一定要冷静安宁地先通读全篇,找出作者的言说思路和文章走向,再逐句逐段细细品读,领会其蕴含。

这本初版书名为《文字侦探》的五万字小册子,每一篇都值得反复咀嚼。找见头四十期《成都日报》连载剪报,又查阅了相关档案并走访了相关人士,对连载史况有了大致了解,叙说如下。

应该是梅柏青二〇一〇年一月十六日采访流沙河谈《流沙河认字》新著的报道发表后,引起了《成都日报》副刊部负责人的关注,遂派副刊编辑陆苏倩于该年三月十五六日向流沙河约稿,最初定专栏名为《认百字》,三月二十二日下午敲定写五十篇千字文,说一百个古汉字,年内连载完毕。四月八日陆苏倩从流沙河处取走《认字100》头十篇文章,很快就开始连载。五月二十八日,陆苏倩给流沙河送来已发表的《认字100》的样报,"已刊六篇"。到该年八月二十三日,陆苏倩来余宅取稿,"已拿到第三十篇",流沙河高兴地私下记载"过半了",洋溢着欣喜之情。到这年的十月二十五日,"写《认字100》完,共50篇,篇说二字,计五万字"。次日晨流沙河"急去复印","下午陆苏倩来拿"新稿,"一次拿完"。

分五十次初刊《成都日报》上的《认字100》,是一部完整的书稿,发表于B1版右上侧。"认字100"为流沙河手书,"流沙河《成都日报》专栏"开头的作者名字也为流沙河签名,每篇文章都有插图。更具文献价值的是头一期还有《编者按》,近三百字,应该出自副刊主编或具体负责联系流沙河的编辑陆苏倩之手,特照录如下。

当我们越来越用电脑的敲击代替汉字的书写,作为汉字传人的中国人,越来越把汉字本身的美感忘却了,它变成了一种电子符号,和汉字本身渐行渐远。

现在我们常常说到国学,其实,汉字本身当中包含了许多的国学内容,中国人观念里的天文地理人伦关系,在汉字里都可以体现出来。并且,还有一条非常重要,就是汉字应该是以赏画的姿态进入的,汉语汉字本来就是诗意的,关乎胸襟的,关乎情感的。以赏画的姿态进入,才是有趣的,才是中国的。

回到汉字的美,回到童真,找回趣味,像汉字那样去诗意飞翔。请关注耄耋之年的沙河老师专门为本报撰写的"认字100——流沙河成都日报专栏"。

至于书名为《文字侦探》、副书名为"一百个汉字的文化谜底"的初版本在新星出版社印行的史况,该书版权页上虽然已有具体登录,但流沙河的私人记录更值得重视。流沙河写完《认字100》第三天的二〇一〇年十月二十八日,"上午吴鸿来,以《认字100》授之处理。此君可信。书名拟改为《文字侦探》,封面用照片"。十一月八日把昨天写好的该书《题解》"改定抄好"并复印,次日将复印件交给"来拿《题解》"的吴鸿。吴鸿时任四川文艺出版社社长,是"版二代",其父吴代伦曾长期担任四川省出版局主管人事和印刷的副局长。《文字侦探》署名"责任编辑"的"巫献好"不是一个真名,可能就是在成都开设自营照排公司"最近"文化传媒的老板吴献,是吴代伦的小儿子、吴鸿的胞弟。《文字侦探》发行颇好,应该感谢吴氏两兄弟。

然而,《文字侦探》刚写到第二十二篇时,发生了一个"出书插曲"。二〇一〇年六月二十八日,江西进贤农耕笔庄的老板邹农耕亲临成都,专诚拜访流沙河,想为流沙河印一本《流沙河书法集》。流沙河碍于情面,最终"允以正在写之《认字100》年内交他出,以代书法集之提议。农耕乐意"。但是这件雅事却无下文,或许邹农耕那边也有一些难处吧。

至于二〇一五年八月仍由新星出版社重印的流沙河《文字侦探》,书名却改为了没有副书名、更为简练的《解字一百》,原初的"特约编辑"吴鸿改为"策划编辑"。原假名"责任编辑"的"巫献好"改成了"汪欣",希望这"汪欣"真有其人,就在新星出版社上班当编辑。这本书的出版史况,当另文再说。

赖善成编《流沙河对联》

　　二〇一一年一月十八日的天涯博客，"汉籍文献图库"博主贴出了流沙河在成都大慈寺例行"周二茶聚"时的现场记录，撮录于后。"有一老者甚爱流沙河的对联，花工夫收集抄录了不少。老者把自己抄好的本子交给流沙河，请求指正。流沙河回家后翻箱倒柜找出自己留存的对联底稿，替老者订正一些对联误抄的字乃至批注某一整副对联不是他自己创作的同时，更是为其增补了三分之二，即将抄本上的不足八十副扩充成为二百四十副的规模。今天流沙河把这个本子带来了，应该是遵老者之嘱归还他。但老者没来，从而让观赏者得以有此拍摄老者抄录件和流沙河增补订正件对联手迹图片之机会。"

　　正如古时的大量野史笔记在未经考证之前不敢轻易采纳使用一样，以上的撮录文字虽然是"现场"所见，但还是有一些待考察落实的细节。比如：流沙河得到老者交来抄本是哪一天，在什么地方，"老者"是何方神圣，等等。

　　在流沙河文化研究团队成员持续搜集到手的纸质文献史料中，找见了上述这本录有二百四十副流沙河对联的电脑录入打印本，A4开本，连同序跋共六十页，打印本的书名就叫《流沙河对联》，署"赖善成选编"和"流沙河订正"。如前所述，流沙河增补了一百六十余副对联，而原抄本只有不足八十副，流沙河的劳作绝不仅仅"订正"。但是读了对联正文前后的《编者的话》和应为《编者后记》的《作者后记》，也得公正地说明，这位赖善成仍是一个忠厚老实的人，上录博文说过的流沙河增补了一百六十余副对联的情况，他也如实地予以交代了。赖善成说他交给流沙河的抄录本子上"无非是七十多副，不到八十副"，流沙河"他老人家竟然不顾偶感风寒的病躯，大冷天里，就着冷板凳在我的小册子里补抄了整整一百六十来副我自己从未收集到的对联"。

含有上录这些文句、应为《编者后记》的《作者后记》，文末注明的"辛卯初春"就是二○一一年初，这是"二百四十副"对联打印本后记的写作时间。

赖善成说"好像是去年的十一月份"他在"市图书馆的演讲厅"听流沙河"一个关于庄子的讲座"前，把他抄录流沙河"七十多副"对联的本子面交的。如果是讲庄子，应该就是二○一○年十二月十二日的下午，流沙河讲《庄子的智慧》，讲完就签售由中信出版社刚印出的《庄子闲吹》一书。查阅流沙河次日的私人记录得以印证，他写道："读者老先生有搜集鄙人对联者，抄录一本，昨在课堂交我订正。已看完了。"

再往后查这年即二○一一年一月份的私人记录，流沙河对读者老先生"抄录一本"的"对联"的劳作进度是很清楚的。

十五日，"上次市图书馆讲'闲吹庄子'，赖送一册所辑拙联要我订正。一放遂久，前日读毕改错字。昨今两日查自留底稿，将漏辑之作数十副抄上赖册"。

十六日,"下午抄联毕。想请赖善成以后给我一份印件,以便自存"。

十七日,"下午又抄联三十七副。已有二百多副了"。

到二十一日下午,已是"赖善成来。拙联稿本交他编抄,以后给我一份印件。赖善成原系南光厂干部。今六十一,已退"。

这一下,可以弄明白了,本文开始天涯博客"汉籍文献图库"博主所记,二〇一一年一月十八日被"茶友"们传观拍照那天,流沙河确实带着前一天即十七日已补足"有二百多副"对联的抄本。很可能赖善成约过要在这一天"茶聚"时来取,但这一天他没有来,才有两天后的二十一日赖善成亲赴余宅。取回抄件时在余宅小坐与流沙河闲谈,述说了自己的基本情况:一九五〇年出生,这年六十一岁,已经退休,退休前在南光厂做行政工作即当"干部"。"南光厂"即"国营南光机器厂",一九九四年四月改制为"成都南光实业股份有限公司"。二〇〇五年九月一日起,该公司又改名"成都南光机器有限公司"。

赖善成发起的实际由他和流沙河合作而且以流沙河为主力辑录的这本打印件《流沙河对联》,我细细读了一遍,真还有其自身价值。这是流沙河截至二〇一〇年底所写对联的几乎全部,而且每一副对联流沙河都给了题目。赖善成根据报刊相关文章中抄录的道听途说的流沙河对联,流沙河还予以批注。如题为"与台湾作家李敖对句"的"骑青牛过函谷老子姓李,斩白蛇起沛县高祖名刘"这一副对联,流沙河就写了两处批语,一是"无此事",二是"古已有之,非我作也",足见为文者中轻浮的人还是有的。

　　一位八十岁的前辈著名文人几天内抄录了自己创作的一百六十多副对联,把原件就随手给了仅仅辑录七十多副的晚辈后生,真不知流沙河身后如今还能遇见这类好事不? 赖善成今年也就七十三岁,希望他读到这篇文章后,主动与流沙河故里相关部门联系,至少将他手里那本对联手迹借给我们弄一个复本出来,否则,真是愧对流沙河的高风亮节了……

"沐手敬书"的《心经》

　　有书法爱好且具一定功底的文人，大多会自己用"我体"毛笔恭敬抄写仅有二百六十个字的《心经》，或送友人或自存。我自己，就存有一位以小说创作闻名二十世纪八十年代的四川作家手写的《心经》。流沙河"沐手敬书"的《心经》，我是从孔夫子旧书网的拍卖区见到图片，才知道他老人家也"敬书"过《心经》全文。

　　作为佛教必读经书之一的《心经》，全称《摩诃般若波罗密多心经》，上段已交代，此佛教经典只有二百六十个字。流传于中国佛教界和读书界的《心经》文本，一般是玄奘法师的译本，译成于公元六四九年即唐贞观二十三年，距今已经有一千三百七十多年。流沙河"沐手敬书"的《心经》文本，与中华书局二〇一六年五月初版的"佛教十三经"丛书之一《金刚经·心经》所收简体字文本逐字相校，有几个字属于异文或异体。比如，"般若波罗密多"这个多次出现的固有搭配中的"密"被流沙河写成"蜜"。本来就是梵文音译，"密"和"蜜"读音完全一样，见到另外一件抄件，也是"蜜"。再比如，"无挂碍"的"挂"，流沙河使用了规范字形"挂"的异体字"罣"。其实,在正体字即常说的"繁体字"书法写件中,"挂碍"的"挂"用"罣",是更准确的字意呈现。二〇二〇年七月由商务印书馆印行的第十二版《新华字典》中"挂"字条释义,就特意将"惦记"意思的"挂"定向分指为"罣",给出的例词为"挂念"和"挂虑"等。也就是说,简化汉字凡合并几个异体字为某一特定字形时,就很容易造成意思上的混乱,但使用简化字流行前的正体字即常说的"繁体字",就没有这个弊病。比如,"头发"的"发"和"发展"的"发"其实是两个字,简化字硬性将"髮"和"發"统一简化为"发",就产生了不少现实用字笑话。一个乡镇打造成"古镇"格局,所有店铺招牌都使用繁体字,竟然有"理發店"的怪招牌。自然,"挂碍"和"罣碍",还没有多严重的混乱。我甚至怀疑,流沙河"沐手敬书"的《心经》中两处"罣"字,不少人认不出这个"挂"的异体字。

流沙河"沐手敬书"的这幅《心经》,对比几幅流行的书写件,最大的优长是不写怪字。即便像"罣"这种字,一个爱阅读又会阅读的人应该都知道。连普及大众的《新华字典》都不常常查阅,就不该与其谈论赏读《心经》之名人写本的雅致话题了……

这件流沙河"沐手敬书"的《心经》字幅,"敬书"时间为"龙年八月二十三日寒露日",即公元二〇一二年十月八日。查流沙河私人记录,这一天下午他"为曾舸作字,反复三张写成满意"。见到字幅图片的这幅流沙河"沐手敬书"的《心经》,应该就是流沙河自感"满意"的那"三张"写件的一张,因为已盖了名章,也可以推定是交给了"曾舸"的。但是这个"曾舸",我不知道他的情况,也不明白字幅怎么挂在了孔夫子旧书网"拍卖"区。字幅后面没觀自在菩薩，行深般若波羅蜜多時，照見五蘊皆空，度一切苦厄。舍利子，色不異空，空不異色，色即是空，空即是色，受想行識，亦復如是。舍利子，是諸法空相，不生不滅，不垢不淨，不增不減。是故空中無色，無受想行識，無眼耳鼻舌身意，無色聲香味觸法，無眼界，乃至無意識界，無無明，亦無無明盡，乃至無老死，亦無老死盡，無苦集滅道，無智亦無得。以無所得故，菩提薩埵，依般若波羅蜜多故，心無罣礙，無罣礙故，無有恐怖，遠離顛倒夢想，究竟涅槃。三世諸佛，依般若波羅蜜多故，得阿耨多羅三藐三菩提。故知般若波羅蜜多，是大神咒，是大明咒，是無上咒，是無等等咒，能除一切苦，真實不虛。故說般若波羅蜜多咒，即說咒曰：揭諦揭諦，波羅揭諦，波羅僧揭諦，菩提薩婆訶。

流沙河"沐手敬书"的《心经》

有写受赠者姓名，即所谓的"题上款"，可能是"曾舸"花了钱买的，这也只是我的设想。

按照流沙河的字幅书写习惯，凡是他不"满意"的，他不会保存，立即撕碎。因为是吸油吸水功能较强的宣纸书写，流沙河就用这写废了的字纸擦饭桌，然后当垃圾扔掉。另两件写得不令流沙河"满意"的《心经》字幅，希望是个例外，希望没有被撕碎、没有被扔掉，这样我们就又多出两件流沙河的书法原件文献了。

读《新华字典》

　　我曾经写过一组谈《新华字典》的文章,先在几家大报刊发表,后来收入二〇〇九年三月内蒙古教育出版社印行的拙著《有些事,要弄清楚》一书中,单独编为第二辑"小议《新华字典》"。流沙河博读广阅,他熟悉的人发现了什么他关注的人发表了重要或者有较大反响的文章,都会及时复印或下载后打印成纸件送他浏览。当时,流沙河见到我时就说:"明德这些文章写得好,把一个一个的问题说清楚了。如果再深入一些,就是文字学研究了。"好像自从得知《新华字典》有三十二开大本发售,我每版都买两本,留一本自己使用,送一本给流沙河。流沙河去世后,他的遗孀清理遗物,发现有一个大本《新华字典》的扉页前一面有流沙河的题记,为:

2013.10.7.夜

明德送来

流沙河

流沙河遗孀把这本《新华字典》退给我的时间是二〇二一年一月九日夜,好在流沙河题记页下方也有我受书时的记载,为:

二〇二一年一月九日夜送吴老师回家。吴老师将此字典"还"给我,说:"作个纪念。"

龚明德

当天夜间回到家中,我就坐在书房反复地翻阅留有流沙河手泽的这部《新华字典》。该工具书是二〇一二年十月北京重印的"第11版"。这本被流沙河使用了六整年的《新华字典》,几乎每页的页角都有卷折,而且手垢也显而易见。毫无疑问,流沙河几乎一有空闲,就打开这部大开本《新华字典》,细细地读它几个字,使得这书的封面与内文已经变形接近脱落。好在封面有压膜,用劲多揩拭几遍,封面就洁净如新了。再把翻卷的边角逐页理直,上边压上重量几公斤的第七版《辞海》一套,第二天就很是受看了。不细看不知道,细看之后方知这部《新华字典》中,共有七十五页留有批注和记号,已经是业经发现并到手的流沙河遗物中的重要"流沙河文献"实物了……

对流沙河在这本"第11版"《新华字典》上的批注来作一番细致研究,我不是合适人选。所以这里也只能泛泛地从字义、字音两方面把内容转述一下,再旁涉批注的其他方面。有好多处我也弄不明白流沙河标示的是什么意思,就以"待考"过录几处留给高人去考索吧。

先转述字义方面的批注。

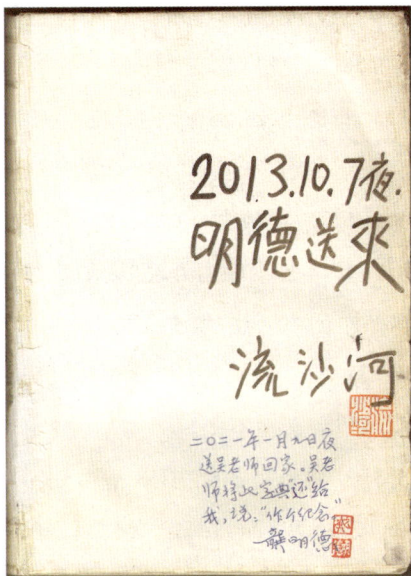

流沙河在龚明德送他的第11版《新华字典》扉页题字

第四十九页上流沙河在"鋋"和"孱"旁侧空白处都写了一个"小","鋋"是"短矛"即小武器,"孱"表示"弱小"。他还在眉白处批"纔 cai 小",这个"纔"是"才"的正体字,"仅仅"的意思,正好也是"不多"或"不长",与"小"的含义差不多,如《新华字典》举的例子"才用了两克"表明用量小和"来了才十天"表明时间短。

第六十页"絺"字条,左侧空白处用红笔批注曰"绤"。这个"绤"读 xì,是粗葛布;而"絺"读 chī,是细葛布。——加上流沙河的补注,构成布制品种类的一组。

第六十六页"樗"字条,左侧空白处两色笔写出"非樺"。樗,读 chū,樗树即臭椿树。大号字条字"樗"左侧,补写了一个异体此字,右上部分使用了画字手段。

　　第八十一页眉白左处用黑色笔写了一个"齰"，应该是流沙河认为"厝""措""楷"和"错"字区域，漏了一个"齰"字。第7版《现代汉语词典》收有这个字，释作"〈书〉咬"，即书面用语"咬"的意思。流沙河只是补充了一个带"昔"的字，但《新华字典》果真要收这个读zé的"齰"，应该放在ze音区域。

　　第三五七页"囊"字条下底白处注"内填以物故從襄省"。第四二三页"瓢"字条左侧白处注"填充於内"。

　　第五〇三页"腯"字头右白处注"胖嘟嘟"，眉白处又写"肥嘟嘟"，表示"腯"和"嘟"字义差不多。

　　第五三二页"屣"字条画了红方圈，眉白处写"敝屣　破鞋"，这儿的"敝"并非谦称"我"而是"破"义，"屣"等于"鞋"，属同义名词。

　　第五九一页"薏"字条，在"茎叶略像高粱，果实椭圆形""白色，叫薏仁米"这些句子的底部标了下划线，在眉白右侧剪贴了五十多字的写满了字的纸片，写着：

　　　　薏米，源1477。薏苡實中的仁。陆游《剑南诗稿》有《薏苡》："初遊唐安饭薏米，炊成不减雕胡美。"自注："蜀人谓其實薏米。唐安所出尤奇。"

　　这儿的"源1477"应该是《词源》第一四七七页中有"薏米"的条目，其下流沙河抄录的即为《词源》的该词条的全文。

　　第六三〇页"豸"字条中例词"冠豸山"引起了流沙河的乡愁，他写道："老家有罐子山。"估计各地都有这类土名称的山名：

哪座山的外形像个罐子,就被当地人祖祖辈辈叫这山作"罐子山"。流沙河批注表示他认为"冠豸山"很可能本为"罐子山",被人讹呼了,因为"冠豸"无解。《新华字典》上注明这"冠豸山"在福建连城,或许是福建闽语土话把"罐子山"读作"罐豸山"了吧。

再转述字音方面的批注。

第二十六页在"敝""蔽"和"弊"三个字条的大号字头儿下都标了下划线,流沙河对它们的读音一致产生了探究的兴趣。他想到字形接近的字也有不读 bì 的,如"撇"就读 piē,于是把"撇 piē"写在这一页右栏的眉白处。

第一一八页"堕(墮)"字条,流沙河在括号中正体字"墮"上画了一个大圈,左白处写"隳"并注出读音"huī"。流沙河特别在写出字形时又标出读音,应该是他不仅对"墮"简化为"堕"有疑问,而且对这个字的读音也发生了思考。

第一二二页,"尔"字头儿左白处写了注音"nǐ",这与第三六二页"腻"字头儿上的眉批"從肉貳聲　可知古無 er"。这两处的标出注音,表明在部分地区如鄂川的方言中鼻音和边音读的是一个音。流沙河的意思是:在古音中,"尔"也读"你",其证据就是"油腻"的"腻"中"月"即肉为义符、"貳"是声符,而"貳"和"尔"是一个音。这仅仅是流沙河个人的意见,古时是否如此,得由中国古方言专家认证。

第二八一页"垃"字条,流沙河批注"音错了",他是不是认为这个字不该读 la?他只注出了"垃=粒"和"圾=屑",但"垃圾"就该读作 la ji。不知道流沙河在这儿的批注,要表达什么。

第四五二页"鸤"字条大号字头左侧写"shi 聲",这里又是常

让 RANG 423

让 RÀO

让 RANG

流沙河批注的第 11 版《新华字典》内页

规识字法的运用："鸸"的左边为声符、右边为义符,表明是一种鸟的名称,读shi。

第五四九页"薤"字条,流沙河注曰:"歹声,歹即屑。"又是传统的声符、义符解字法。流沙河写的"歹",是上面一竖、右半一短横,下面是个夕,我打不出来这个字。

还有其他方面的批注,这里只再转述《正体字回家》整本书贯穿的两处批注。

第一一八页的"堕"为简化字,流沙河在括号中正体字"墮"上有用红色铅笔画了一个大圈,左白处写"隳"并注出读音"huī"。这里,估计是流沙河对"墮"次上半部分"隋"简化为"陏"有异义,因为第二〇五页那个定为规范字形的"隳"上半部分又不简化。流沙河可能认为这样随心所欲地想简化一个字,任意一个部分就敢动手简化,有点儿没有规矩了。

同样的问题在"让"字条又再一次引起了流沙河的异议。他在"让"这个简化字的括注正体字"讓"上画了一个大红圈,在眉白处批注:"多個從襄之字不簡而獨簡了讓字"。看了流沙河的批注,再看rang字读音区域的十三个字头,真使人不解呢! 连使用频率很高的"嚷"也没有据"让"简化成口旁着一个"上","土壤"的"壤"也没简化成土旁着一个"上",等等等等。流沙河专著《正体字回家》第一四五页说到"僕"不应该简化为"仆"的一段议论,可以移到这儿引用一下:"僕字不簡為好,便于后人溯源。何況濮、璞、墣、噗、樸皆未簡。"

在流沙河生命最后一二十年间,我和他单独在一起时,只要谈完正事,他总要忧心忡忡地谈起中国汉字简化的一些痼疾。

他担心中华古老而又优秀的方块字因为不恰当地胡乱简化会有恶劣的后果，他认为一定要让民间先流行先使用，几百上千年后到了约定俗成的时候再说。他反对的是以行政手段强制硬性简化一些流行了几千年的汉字，他的《正体字回家》副书名为"细说简体字失据"，就是这个意思。有人把流沙河的汉字研究尤其是《正体字回家》这本书往政治上去牵附，这是不必要的。流沙河多次讲过一个意思，他认为：作为一个中国知识分子、一个读书人、一个文化人，你连自己民族的文字都不爱，哪里谈得上爱国。

一篇文字学"宣言"

在二〇一四年七月四日《人民日报》第二十四版《文艺评论》专版的《文艺观察》专栏,发表了作为特约专稿"关注我们的语言"系列的第二篇文章流沙河的《发现和发扬汉字之美》,一千七百余字,干净利索地对他本人的"文字学"观来了一次庄重的"宣言"。该文共分七个自然段,下面依次介绍各自然段的主要内容。

汉字不仅仅是"一个符号",它是这个国家这个古老民族保存"遥远的记忆"的"活化石"。举的例子是"家"的本义,说这个古汉字"提示我们,我们在历史上曾经经历过母系制"。这是开章明义第一自然段的意思。第二自然段讲汉字旺盛的生命力,赞扬汉字是当今人类各个民族所使用文字中唯一还活着的象形文字。第三自然段以果断的价值认定隆重告示读者:说自己从事的"认字"即一字一字地详加释说,是"一门非常重要的学问"。第四自然段解释把古汉字"认得那么清"究竟"有何用处"。流沙河认为把汉字解释清楚"最大的用处"就是证实了"汉字是有道理的","还有文化内涵","甚至是文化活化石,是我们了解历史、了解文化的重要途径"。

文字的"美"的"发现"说过了,接下来几个自然段,说文字"美"的"发扬"。第五自然段,"进一步说到我们的书面语言,如何讲究",即"如何发扬汉字之美",也就是写东西要"通顺"、要"通俗"、要"优美"。第六自然段说"文字学"和"文字"一样,"是有趣味的"。流沙河甚至说:"有些汉字一旦辨识出来,我激动得都要哭。"

最后一段总结,流沙河认为"中国人的灵魂就在汉字里,这是祖宗留给我们的精神财产"。

如此可赏可诵的署名"流沙河"的文章,篇尾却有括注"本报记者胡妍妍采访整理"。但又是如何采访的呢,是记者到成都找到流沙河交谈后据现场录音"整理"还是记者从北京打来电话再据电话录音"整理"? 还有,这篇文章发表前经过流沙河审阅同意了吗?

仍然是"风调雨顺",从我发出问讯消息起,过了不到二十小时,"采访整理"者胡妍妍就有了回复。她是二〇一四年六月二十四日下午通过电话采访流沙河的,她说除本文写的外,流沙河还详为解说了"胡"和"妍"两个字。胡妍妍还拍照了她当时的电子邮件,曰"昨天打电话采访了流沙河先生,现在把采访整理稿发给先生过目。有需要改动的地方,请告知"。隔了一天,胡妍妍收到署名"流沙河"的回复:

　　　小胡:文章读了,没有什么修改的地方,谢谢。

流沙河　6.27

这封回复的电子邮件，是流沙河夫人代写的，因为流沙河本人不会用电脑键盘录入。

据胡妍妍讲，这篇《发现和发扬汉字之美》发表后，从报社同事到普通读者都给予不少好评，已经有几个《人民日报》的同事在读《流沙河认字》那本书了。胡妍妍本人表示，她也真希望有更多的人来分享这种"认字"的乐趣。

这篇文章，虽说是记者根据电话采访整理而成的，但口吻声腔之洁净、行文组句结章之谨严，真是得流沙河文字"表达"的真传。文字校对，只有一处录入差错，即第一自然段中英文family误为了famliy。如果《流沙河全集》有幸出版，这一篇由胡妍妍"整理"的文章，应该收入，但得把famliy这个读不出音来的英文单词订正为准确的family才可以。因为凭流沙河的英文造诣，肯定不会犯这个"小儿科"的差错的。

书"小平金句"

二〇一九年十一月二十五日二十二点四十分"成都商报红星新闻"账号发布了李自国的《长歌当哭沙老,摸着石头写字的星星》。该文在"文化奠基,摸着石头写字"一节中写道:"去年,四川省文联为纪念改革开放40周年,举办了一个全省的书法、摄影、雕塑等作品大展,想分别请马识途、流沙河、魏明伦、李致等四川文艺界前辈各自题写一幅书法,内容有:解放思想,实事求是,科学是第一生产力,摸着石头过河等,这些内容任由他们选。主办方听说我与流沙河先生较熟,就请我跟流沙河先生联系一下。因当时就听他爱人吴茂华说过,流沙河先生那段时间身体不大好,经常腰疼,我先打电话给吴茂华,她听说是省文联的公益活动就把电话拿给流沙河,结果流沙河先生听完我的介绍后,很爽快地答应下来。他还说他曾是省文联的多届副主席,答应我选中写'摸着石头过河'这个条幅,后来我到他新家成都长寿路名仕公馆去拿写好的书法时,在他家雅聚的几位文友都对这六个字赞口不绝,而流沙河先生却一本正经地说:我是摸着石头写字。"

摸着石头过河

小平金句

二〇一八年中秋 流沙河恭书

流沙河手书"小平金句"

　　距李文刊布整一年前，二〇一八年十一月十九日十六点二十一分"四川文艺网"发布了对四川省文联党组书记、特展即李文所说的"作品大展"总策划平志英的专访，专访文章中有这样的述说："在办展过程中，最让平志英感动的，是老一辈艺术家们对改革开放发自内心的认同和对此次特展的支持。"接着是平志英对刚发生的事件之"回忆"："我们邀请了马识途、流沙河、魏明伦、戴卫、邱笑秋等几位老艺术家为展览题字，他们都非常支持。马老104岁了，时间上还与在北京办个人书展的活动有冲突，但是马老一点也没有推辞，写下'爱我中华'四个大字。像沙河老师已经87岁了，眼睛不好，已经不写东西了。当我上门求字时，他很高兴，说他很乐意参加这个活动，哪怕很费力，也欣然提笔写下了小平金句'摸着石头过河'这6个字。"为了证明专访的真实，还配发了平志英到流沙河家中访问时与流沙河坐在一起谈话的照片。有人转述该专访也说"其后，李自国与四川省文联党组书记、'特展'总策划平志英等人一同前往流沙河家中领取了该作品"。

　　以上李自国在流沙河刚去世时写的回忆和由记者采写的一年多前平志英接受专访时的谈话，已经出现了好几处史实细节

文联：写字帕
为写二选一
1、搬春石头过河·2、科学技术
是第一生产力
规格 69cm×69cm
月底前完成.

吴茂华关于其夫流沙河书写"小平金句"的原始记录

方面的抵牾。好在流沙河故里的当家人及时决定组织了"流沙河文化项目团队"，其团队组成人员在兢兢业业四面八方寻觅到的"流沙河纸质文献"碎片字条中，发现了比巴掌还小的一张两面都写了字的：一面是流沙河"2018中秋向嫂嫂问安"的便条，介绍某地"乃东汉之墓葬"的一处"蛮洞"，有六七十个钢笔写的蓝色字，已成为文献，说不定就是介绍宜宾长宁县古河镇兴隆村那七个摩崖悬棺洞窟，我上周刚专程过去住了两天，细细观察这一处东汉人开凿出的至今完整保存下来的七个硬石山壁上的洞窟；另一面便是流沙河夫人吴茂华用红色水笔写下的记录，非常珍贵，是关于流沙河写"小平金句"的原始文献，否则我们就无法弄清楚这件当时发生的事情了。

吴茂华根据流沙河口述电话那边李自国说话内容记录的字条全文,照录如下。

文联:写字幅,内容二选一。

1. 摸着石头过河。

2. 科学技术是第一生产力。

规格69cm×69cm。月底前完成。

吴茂华没有写下字条记录的年月日,字条背面流沙河的一封短简铁证如山地锁定了他写"小平金句"的具体时间。流沙河为个人、为单位写字幅都有一个固定登记确认程序,就是:他一旦承诺要写,就随手拿一小张白纸条,在上面写出谁索要的字幅、字幅内容和尺寸、写毕交接给索要字幅者的时间,把这字条粘贴在显眼的柜壁或者用一个夹子夹好挂在显眼的铁钉上,随时提醒自己这幅字或者这批字要在规定的时段内完工。动手写"小平金句"的字幅,是在二〇一八年的中秋节即九月二十四日。这一天,流沙河从铁钉上夹子中拿出吴茂华记录的字条,一口气写好了"小平金句"后,在字条的背后顺手又给"嫂嫂"回答了一个考古的问题。字条随手就丢在一个废纸堆中,清理时没有注意,被当作废纸处理了。感谢依靠转卖旧书旧刊和老旧字纸的开办旧书店和摆地摊的人,他们辛辛苦苦到处寻找"货源",从收荒匠手中买下了这些很容易看成废纸的东西,又整理摆陈,让我们这些人发现可以利用了来当文献史料,使得我们这些所谓"研究专家"也有了活路。一笑。

见到了流沙河用毛笔"恭书"的"小平金句",是六个自右至左的大字"摸着石头过河","小平金句"四个字紧挨着从上到下书写,字幅的署名前有题字时间"二零一八年中秋",最末为"流沙河恭书"。没有找到题书"小平金句"时段的流沙河私人记录,这一年的私人记录只有几个月的零星记载。不过有了吴茂华的字条被发现,已经可以还原现场了,大致就是李自国文章写的那些。李自国是流沙河《星星》编辑部的年轻同行编辑,好像还担任过一段时间的副主编,他本人也写诗。流沙河一听到是原来自己供职单位的同事来的电话,而且又是公益,连电话也要"亲自"接听,并要求夫人用笔记下自己承诺的书写字幅的各项要求。至于作为四川省文联的主要负责人平志英来看望流沙河,多半不会去干取字和请求为什么展览写字之类的具体事情。那位专访平志英的记者写的文章,想当然写出的一些话,不能让平志英来承担责任。有了吴茂华的字条和李自国的回忆,可以结论这件事情,不必节外生枝了。自从一九七九年末回到四川省文联并重回《星星》编辑部,一直到去世,流沙河都是拥护改革开放政策的,对邓小平的"金句",流沙河记住的当然不会仅仅只有"摸着石头过河"这一句。但写成字幅的这一句,流沙河是真正信奉的,因为只有探索才是一个人活着的意义,一个民族和国家的前进也离不开探索。

此外,李自国向流沙河转达四川省文联索要字幅的时限是"月底前"即二〇一八年九月底前。从李文所写他去余宅取字幅时"在他家雅聚的几位文友都对这六个字赞口不绝"的现场记录,可准确得知流沙河与李自国交接字幅的时间是这年的九月三十日上午,正是星期日。流沙河生前最后好多年,周日上午在余宅举行文友雅聚基本没有中断过,除非流沙河夫妇外出或者流沙河因病住院疗治。

讲《诗经·召南·小星》

　　由四川文艺出版社二〇一八年五月印行的《诗经点醒》,是流沙河在"腾讯大家文化讲堂"视频讲课的整理稿。有教学常识的人都知道,为讲课起草或详或略的提纲、全稿等文字的行为,叫"编讲义"。"编"和"著"不是一个意思,后者原则上要求是原创,前者强调只把某一范围经得起检验的定论集中起来条理化然后传授给听众。那种把自己正在探索的东西说给听众,如果够得上"学术"这个层次,只能叫"学术报告",不能称之为"讲课"。流沙河在"腾讯"讲《诗经》,根据其录音整理出版的文章也只能称为"讲义"即"讲课稿"。按规范,流沙河主要的任务只能是把相关范围的定论传授给听众。据此,我们对流沙河"讲"《诗经·召南·小星》的核心内容,予以撮述赏鉴。

　　在该书头一讲《周南·关雎》中,流沙河已解释了"周南"和"召南":"周这个国早在商朝就存在了,在文王的父亲那个时候,汉水流域和嘉陵江流域就已经都是他们的了","流入汉口这条汉水流域周武王交给周公去管,周公是周武王的弟弟","把陕南跟川北交给召公去管,召公也是周武王的弟弟";"周公管了汉江流域，直到湖北流入长江，这一片地理区域在古代有多个小国统称为南国，周公管的就叫周南"，"西汉水这边，从陕南的西汉水流域进入四川嘉陵江，归召公管，叫召南"。耐心交代完这些细节常识后，流沙河总结："所以《诗经》里面一开始就是《周南》《召南》，这两个部分就是描写的周公、召公各管的那一片的诗歌。"

千万不要厌烦这些细枝末节的常识，流沙河讲解包括《诗经》包括古文字方面的内容，其强大的吸引力就源于这些落到实处的中国古代文化常识简洁、生动的介绍。流沙河说，"周南"和"召南"都是"地理概念"，他叮嘱听众读者"了解一首诗，一定要先了解它（发生）在什么地方"，否则就无法往深处读。自然，快九十岁高龄的流沙河并非治《诗经》学问的专家，但你明白了他讲的内容后，再去查相关工具书温习一下就会更有收获。比如"召南"，四川人民出版社一九九七年七月印行的《诗经词典（修订本）》设有专门词条，其中写道："西周初期周公姬旦和召公姬奭分陕（今河南陕县）而治。召公奭居西都镐京，统治西方诸侯。其子孙世袭，都称召公。《召南》当是召公统治下的南方地区的民歌，范围包括今河南西南部及长江中上游一带。因在中原之南，音乐上也有自己的特点，故称《召南》。"其实对"召南"历代学者还有多种不同的解释，流沙河仅仅采纳了一种。

为了读者理解上的方便，还是先把这首古老的诗歌全文过录一遍。

诗经·召南·小星

嘒彼小星，三五在东。肃肃宵征，夙夜在公。寔命不同。

　　嘒彼小星，维参与昴。肃肃宵征，抱衾与裯。寔命
不犹。

参照流沙河讲学的规范，先把这四十个字中难以一眼就认出的，说一说。"嘒彼"，流沙河的解释"嘒"在这里读音和含义都同"晦"，光亮不强，暗的意思；"嘒彼"，是双音叠词。"寔"与"实"同，四个古抄本《诗经》中，其中韩抄本就是"实"。"参"读伸、"昴"读卯，都是星宿名称。"衾"与"裯"，都是卧被，"裯"读仇。扫除了字词障碍，我们随着流沙河一万四千余字的两次解读，来欣赏他的讲课风采。除了《诗经点醒》中的这篇讲稿，还有六百多字的《令人发笑的诗序》，收在二〇一五年一月新星出版社印行的《晚窗偷得读书灯》一书中。

总的来说，流沙河对《诗经·召南》中《小星》的讲解，有两个主要特点：一是对东汉《毛诗序》的解说予以否定，二是吸收唐代孔颖达疏文中的天文地理知识并生动地大加发挥。细读完流沙河两篇一万四千余字对《诗经·召南》中的《小星》释读，对这首仅有四十个字的古诗，应该于内容是清晰地予以掌握了。同时，流沙河在讲课中，还对《诗经》的流传史有各个阶段的介绍，对读者更是有益。

关于《诗经》流传的历史，是通识，流沙河基本上是转述。周初就开始流传的《诗经》，传说中的"三千多首"原始"采风"得来的本子，只有孔子删定时见过。经孔子删定后，周初开始流传开来的，自然也只能是抄本。但这个《诗经》三百首的最早抄本，都

被秦火焚烧已尽。文化的力量太强大,孔子编定后,他就用《诗经》做教科书,他的历届弟子又传教给百姓。这些诗歌本来就是百姓的心声,容易被记住。西汉时就出现了齐国抄本、鲁国抄本和韩国抄本,这便是三个著名的古抄本即齐本、鲁本和韩本。东汉的大小毛公毛苌、毛亨也弄了一个抄本,并在每首诗前补上序,序就是如今的题解,序后才是《诗经》原文。再晚些时仍是东汉却已接近三国时代的郑玄,再给每首诗加写笺注即著名的"郑笺"。到了唐代孔颖达给郑笺来了一次"疏",即整理性质地丰富以往的导读文字。稍晚唐代后期张守节给《诗经》每首诗的句子"正义",以评判其前的释说之优劣。流沙河介绍完这个"《诗经》流传史"后,总结说:附于《诗经》的流传至今的古人释说是原诗的一千倍。

我细读了《毛诗正义》中的《小星》一节,有两千三百余字,原诗《小星》只有四十个字。流沙河在《令人发笑的诗序》短文中,斥责"可笑一代代读书人,死读《诗经》,祖诗序,宗郑笺"的风气,也是不无道理的。然而是两三千年前的古老诗歌,真还不敢仅仅从今人了解的字面意思上去理解其方方面面,那时的各种风习和生存规范,因为没有丰富完整的文字记载,连最博学的专家,也只可猜测式地去研究。如这首《小星》中的"肃肃宵征,抱衾与裯",比流沙河年长二十七岁的著名小说家艾芜在一九九〇年十月三十一日就专门写出他的考读曰:"这是描写婚配集会的记录,各人自带被铺,参加歌舞,然后在山巅水涯野合。其歌中有'宵征'的'征'字,是指参加婚配集会,不是出征的'征'"。这节收入十九卷本《艾芜全集》第十四卷中的读书笔记,记得之前他还专门去陕西等古老地方考察过,他不是随便讲的。艾芜对《诗经》还有不少研究,可以参看。

前面说过流沙河驳斥了毛诗序对《小星》的主题释说。在对四十个字《小星》本文的串讲上,《诗经点醒》一万三千多字的《召南·小星》发展了《令人发笑的诗序》的理解。

在《令人发笑的诗序》中,流沙河参照《毛诗正义》并动用了他酷爱的天文星象知识库存,写道:"此诗两章以'嘒彼小星,三五在东'和'嘒彼小星,维参与昴'开头,乃冬夜之星象。天寒霜浓,更见出差官员之苦。"到了《诗经点醒》的《召南·小星》,这个解读有了相当丰富的申说。

流沙河在一万三千多字的讲课稿中,认为"嘒彼小星,三五在东"所呈示"天空的星象"是周朝以前的春季,"嘒彼小星,维参与昴"所呈示"天空的星象"是周朝以前的秋季,而从春夏秋冬四季是周朝以后才这样划分来看,《小星》上下两节写的是一整年即春和秋,因为"在商朝的时候甲骨文的一年只有两个季,一个春,一个秋。春就管了夏,秋就管了冬"。流沙河这儿的两个"管"是四川方言,相当于"包括"。在我看来,这个天文星象知识应用于《小星》解读,对《诗经》的研究是一种丰富,说成推进也不过分。《毛诗正义》中已有这个天文星象的内容,但不如流沙河这样阐释得更清晰。用后来的四季来述说,一个小小公务员一个整年的春夏秋冬包括夜晚为了"在公"的差事而苦苦奔波于途。

按照流沙河的"文本细读",第一节的"嘒彼小星,三五在东"中的"三"跟"五"在意义上"不是三个、五个,'三'也是一个星宿,'五'也是一个星宿","'三'的这个星宿叫'心',夏天夜晚出现三颗星,三颗是属于东宫苍龙七宿的,龙的星,三颗,所以叫'三星',专门是一个星宿","'五',五味,五味也是一个星宿,这个星座是在春天夜晚天黑以后出现",所以"三五在东"。紧接着下面是一节读来颇觉搅缠的给古人的天文常识差错正误,回归文本解读是这样的小结:"第一段写的是春季,春天的夜晚,他在路上走,走得很快,前半夜走到后半夜。"

第二节"嘒彼小星,维参与昴","参"和"昴"都是周朝以前的秋季夜间看得到的星宿,参昴在天空交替见到至少要隔六小时,就是说这个小公务员这一夜走了大半夜。和上半年一样,下半年也是"夙夜在公"。至于第二段中的"抱衾与裯",流沙河不同意历代古人以及中国现代著名诗人和学者闻一多将"抱"解释为"抛"的解,认为"抱"就是"携带"。流沙河现身说法,他在二十世纪五十年代初"当小编辑、小记者出差的时候,也是背个铺盖卷走的",同时联系诗的上下文,"觉得这样子讲它才通"。

对《诗经·召南》中的《小星》这首诗,流沙河的一万四千字的专门讲解,贡献肯定是有的,把这首诗讲"通"了是他的贡献之一。把《毛诗正义》中引进天文星象地理常识等解读《诗经》的元素,发挥得尤其有意义。是不是可以作为定论,那是另一回事。《诗经》的语言看似平白如话,但里面的典故、风俗习惯等两三千年前的东西,要彻底弄通,真不容易。

题"戴望舒诗句"

　　终其一生都没有离开家乡四川或者成都的流沙河,自二十世纪五十年代中期起直到如今,多种媒体对他的文化头衔定位或曰"称呼",可以发现有"中国当代著名学者""中国当代文化名人""四川著名文人"或"成都著名文人""中国当代著名诗人"等等,生命的最后十多年他又被认为是"古文字研究家"。但是,在流沙河本人,他还是乐意以"中国当代诗人"作为终生自我文化身份标识的。流沙河一九八二年二月七日写给英籍华裔女作家韩素音的一封书信中,恳切地表明了藏在他自己心底的文化最终理想:"我如果能写出一首活到百年的新诗,死了都会笑醒。"私密文本的私人记录中,流沙河一九九七年十一月二十八日写道:"今晨黎明枕上吟诵古人诗词,至《正气歌》不觉泪下。恐今生本质为诗人,虽然写诗不成功。"在二○一六年十二月十三日所写《我为什么离开新诗》的短文中,他明确宣布他"二十世纪八十年代结束,良心有愧,逃离新诗"。

　　然而就在这篇《我为什么离开新诗》的短文中,流沙河列举了曾"多么激动"了他大半个世纪的六位中国现当代新诗人。这

一切美好的東西都永不消逝

它們冰一樣地凝結

而有一天花一樣地開放

戴望舒詩句

流沙河書

六位诗人分别是徐志摩、戴望舒、闻一多、艾青、绿原和余光中，依史序戴望舒被排在第二位。其实，从一九四九年八月十八日在成都《建设日报》副刊《指向》以"流沙"笔名公开发表新诗《渡》以来，一直到二〇一九年十一月二十三日去世，流沙河献身文化事业整整七十年，全身心地沉浸在中国现当代的新诗海洋中。即便公开宣布"逃离新诗"后，流沙河仍不时还有随手即兴写出的完整新诗篇章被公开传布。更有不少中国经典新诗名句被他写成字幅供人欣赏、珍藏，夹放在《流沙河诗存》中的题笺"戴望舒诗句"就是其中之一。

由四川人民出版社二〇一九年五月印行的《流沙河诗存》，因为选编者和出版社的责编、责校人员都不是中国现当代文学这个专业领域的行家，所以不仅收入的文本体例有一些问题，如《唤儿起床》一诗有诗首小序但其前一页的《贝壳》一诗字数更多的诗前序文又被删除却无任何说明，甚至连所附作者专门为此书毛笔书写题笺的文本也出了问题。

读者见到的印在纸条上夹放在《流沙河诗存》中的题笺成品，出版社版面设计人员把流沙河手迹最末一行的"戴望舒诗句 流沙河书"连同笔名签名和钤印都往下挪动了位置，还在右下加补美术字书名，再配上金色块状和艺术曲线的装饰点缀，使这件题笺成为一枚具有颇高收藏价值的小小印品。但很可惜，题笺上的"戴望舒诗句"，是流沙河凭记忆随手写下的，《流沙河诗存》的选编者和出版社责编、责校人员又没有核实，在文本上造成了无法弥补的小小遗憾。

流沙河记忆中的三行"戴望舒诗句"，被他写出来印成书笺的文字为：

> 一切美好的东西都永不消逝
> 它们冰一样地凝结
> 而有一天花一样地开放

　　这三行用作题笺的"戴望舒诗句"源自诗人写于一九四五年五月三十一日的《偶成》，该诗初刊于该年八月三十一日出版的《香港艺文》，全诗照录如下。

> 如果生命的春天重到，
> 古旧的凝冰都哗哗地解冻，
> 那时我会再看见灿烂的微笑和明朗的呼唤……
> 这些迢遥的梦！
>
> 这些好东西都决不会消失，
> 因为一切好东西都永远存在，
> 它们只是像冰一样凝结，
> 而有一天会像花一样重开。

　　这首《偶成》再次发表于一九四六年一月八日《新生日报》时，第一节末两行调整为：

> 那时我会再看见灿烂的微笑，

再听见明朗的呼唤——这些迢遥的梦。

这两行诗的调整，显而易见的必改原因是语法上动宾搭配错误的订正，"微笑"可以"看见"，但"呼唤"就无法同"微笑"共同使用同一个动词"看见"。句式上，调整后两节各四行的字数没有太大的差异了，全诗的结构显得更加均衡。

被流沙河凭印象随手默写的三行诗，传达出的"戴望舒诗句"之诗意没有太大的出入，基本属于原诗第二节四行表达的内容。几十年的默诵，流沙河记忆中的这三行还真是比原来的诗句更顺畅爽口、更抑扬顿挫。但是，作为文献意义上的"戴望舒诗句"，却是另外的四行，我们还是要把这一点指出来。

为《川菜食画》"作字"

　　青岛出版社二〇一九年九月印行的由刘玲、曹靖、罗亨长"编著"的《川菜食画》，该书卷尾的《跋》末段，作者刘学治特别说明此书"由四川文化大家流沙河先生为之题写了书名"，显示"更值得"读者"去珍藏"该书的又一个理由。其实，流沙河不仅为《川菜食画》"题写了书名"，还题写了诗句正文十四字并交代了所写诗句出处。

　　很幸运，在找见的曾存余宅的来信中，有刘玲写于二〇一九年正月十八日的全信，包括信封。全信抄录如下，落款处左侧刘玲还写了自己使用的手机号。

　　流沙河老师，您好：

　　　　一直非常敬仰您，是您的《庄子现代版》(92年版)，让我这样的一个普通读者，也可以读到这位伟大思想家作品，谢谢您！

　　　　我是90年代开始从事媒体工作，先后在《蜀报》《成都日报》等从事采编工作，2005年以来，一直担任专业

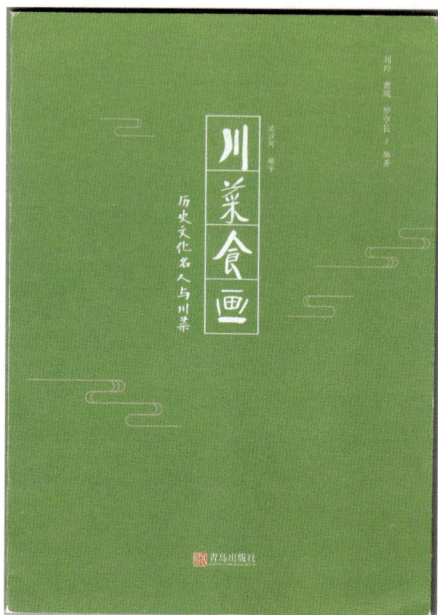

青岛出版社印行的由流沙河题写书名的《川菜食画》封面

美食杂志《味觉》主编，专论于川菜的推广宣传。

《〈川菜食画〉——历史文化名人与川菜》这本书，是由我主编，与成都川菜文化学者罗亨长、名厨曹靖共同编撰的一本川菜文化书籍，58个名人美食故事配58幅手绘插图，每道菜由58位川菜名厨制作讲解，试图让书中美食跳出典籍，成为读者食桌上的美味。

《川菜食画》这本书即将由青岛出版社出版，冒昧请您帮晚辈题写书名，就是《川菜食画》4个字，用于本书封面、出版印刷之用，非常希望这本书能得到您的提点，让她伴随川菜文化，走得更久、更远……

诚挚祝您身体健康如意！

刘玲

2019 年正月 18 日

应该说，这封书信写得颇为得体。查看该信的信封，没有贴邮票，没有邮送前的邮局销票日戳，是写者亲自送到流沙河住处收发室的。流沙河当天就读到了这封信，还在信封上方写下——

川菜食画

题句"老去齿牙堪大嚼，

流涎才得慰馋奴"。

并在信封右下方，重抄刘玲提供的手机号。流沙河收到刘玲这封信写着的年月日，年和日是阿拉伯数字，但有一个"正月"的月份，这也是一般习惯。查年历，这年春节后的正月十八是这年的二月二十三日。果然，在流沙河次日的私人记事本中，就有"为人作字"。有了刘玲的书信为据，流沙河为《川菜食画》题写的书名和两句诗，可以准确地认定就写于二〇一九年二月二十四日。如果给"为人作字"的"人"设注文，便是"刘玲"，或曰《川菜食画》"编著"者之一刘玲。

得见青岛出版社二〇一九年九月印行的这部《川菜食画》，在卷首"中国烹饪协会会长"姜俊贤写的类似序文的《坚定文化自信，讲好川菜故事》之前，便是流沙河的题诗，补加了标点符号的释文就是——

为《川菜食画》"作字" ——

流沙河为《川菜食画》题词手迹

老去齿牙堪大嚼，
流涎才得慰馋奴。
借放翁句题《川菜食画》
流沙河八十八（印）

　　毕竟是近九十高龄的老人，流沙河写下的这两句诗不是"放翁"即陆游的"句"，而是同为南宋人的岳飞之孙岳珂的"句"。岳珂比陆游晚生五十八年，是南宋的文学家、史学家，字肃之，号亦斋、倦翁，官至权户部尚书、八路制置茶盐使，能诗善词，享年五十九岁。

含有流沙河题句的岳珂之诗题曰《馒头》,全诗载《钦定四库全书》之"南宋杂事诗"卷四,全录如下。

几年太学饱诸儒,
余技犹传笋蕨厨。
公子彭生红缕肉,
将军铁杖白莲肤。
芳馨政可资椒实,
粗泽何妨比瓟壶。
老去齿牙辜大嚼,
流涎聊复慰馋奴。

这首诗究竟在写什么,七百多年来注家们都有各自的释说,但从流沙河的题句来看,他把他写的这两行诗认定了就是写老年人无法尽情享受美食,只能用"流涎"来安慰贪吃美食的欲念。如果依《武林旧事》对此诗的题注,也是"蒸作从食,有太学馒头",即这件作品写饮食。

流沙河明确地说他写的这两句是"借放翁句题",估计他心目中的"借"也含有可以改动字句的意思。但一定要说清楚,这两句诗不是出自陆游的诗,而是出自岳珂的《馒头》一诗。

欣赏了流沙河用饱满的墨笔写下的题字,八十八岁的老人真是有求必应。不知刘玲在流沙河题字九个月后去世的这几年间,有无专文回忆此事。据了解,刘玲现今供职于成都市川菜饮食研究学会,还是老本行。

楹联创作和书写

流沙河所有的原创和研究文字,如果出《流沙河全集》,依照他的实际贡献,应该有诗歌创作、小说创作和译作、散文随笔,其传统学术研究包括庄子、《易经》、《诗经》、纪晓岚白话编译等的研究和小学研究等。但有一点比较特别,流沙河与其他诗人、作家不同,他的全集一定得有"楹联创作"包括楹联的书写即书法门类。二〇二二年十月由广西师范大学出版社公开印行的正书名为《做蝴蝶梦》的"流沙河手书楹联集萃"一书,便是流沙河楹联创作包括书写的一次规模性质的展示,让人高兴。

该书为小十六开本硬面精装,连同卷首版权页前彩色插页图片中墙上挂的一件字幅,这部"流沙河手书楹联集萃"《做蝴蝶梦》共收流沙河手书楹联二百八十件,附录部分还有七绝二首、七律一首的"手书"。虽说已经是洋洋大观,但就我所见,仍有不少遗漏。编者署名的《编前语》断言:"从二十世纪八十年代算起",流沙河"写的联语有四五百幅吧,流播中国各地"。这个统计应该是可以相信的,"流播"出去了,要全面收集,哪怕只想讨要一个手机拍摄的图片,也是一件不太容易做足的工作。不少拥有流沙河楹联字幅的人，出于种种原因，在适合"出手"的时候，早已高价转卖。即便请其本人去办理，也不见得能找到原件予以拍摄并及时传给编者。

如此，我们就更加珍惜这幸存下来的"一摞两三寸宽、四五寸长的"近三百片手写原件"厚纸条"，以及据此字条手写原件编印成册的这本《做蝴蝶梦》的"流沙河手书楹联集萃"了！关于"流沙河手书楹联"的特点，该书编者交代："流沙河自小临帖习字，颜柳欧苏都临写过，但未专属一派，尽力博采众长而已，难怪他的书法自具童子功夫。在他成年以后的读书写作生涯中，随着见识功力增长，他的书法渐渐成风格，那是一种文人书法的俊朗风流，弱美，古艳，而不失锋棱，笔意徘徊在唐诗宋词的亭台岸柳间。"

这部"流沙河手书楹联集萃"《做蝴蝶梦》的封面即封底上半部分，有一节更为精美、纯粹、简练的介绍文字，全录如下。

流沙河先生乃蜀中大才，集现代诗人、老派文人、旧学通家于一身。老先生在成都某茶楼讲《诗经》、说《庄子》、解汉字的场面一度火爆，俨然网红。

其实，最能体现流沙河先生才华与学养的是他的绝活手书楹联。他的书法，弱美典丽，瘦劲挺拔，俊朗风流，潇洒出尘；他的楹联，对仗工整，平仄押韵，古今搭配，雅俗共赏，出人意表又合情合理，上下映照则妙趣横生。

流沙河先生夫人吴茂华女史把先生创作的几百幅

手书楹联做了甄选，并按"读痛快书""观灿烂星""做蝴蝶梦""哭笑成诗""好古敏求"分成五辑，并增附录遂成此书。

忙碌而焦躁的当今国人有空闲览，或有澡雪精神安顿身心之功效。

说"最能体现流沙河先生才华与学养的是他的绝活手书楹联"，是具有"商贩者言"性质的广告语言，不可当真。如果要全面考察流沙河的文化贡献，还得老老实实地长时期地逐字逐句逐篇反复通读他留下的所有文字，"手书楹联"仅仅是其文化成果中一个小小部类。研究，没有捷径可走。研究流沙河这么一个大诗人、大文人，仅仅读不足三百件"手书楹联"就可以懂透"流沙河的才华与学养"，也是无法实施的美好梦想。倘若就《做蝴蝶梦》这部书提几个具体的常识类型的问题，我敢说，上述能扑朔迷离弄出"流沙河手书楹联"特点的执笔者，或许也会张口结舌地无法给出准确答案。因为，这个要费工夫，要几小时、十几小时甚至更长时间地"地毯式"搜索，自然也只能"手工人力搜索"，因为现代化电子手段在这里完全派不上用场。

首先是《拙联丛话》的相关情况。

署名的《编前语》倒数第二段末有"《拙联丛话》中的一些明显笔误则予以修改"，正文第十三页有括注曰"《重庆晚报》载无误，《家庭与生活》开始即误，先生亦未校出也，'亦喜藏书'，错成'赤喜藏书'"。"亦"误为"赤"为五笔录入法出错，校对的人又没看出来。这里两处述说也奇怪，流沙河《拙联丛话》有完整的手宗珣绝肠蜜主奎明德先生为成都之大藏家，搜置多籍，提屋充栋，床座其中。先生床头之缎、废书灯下之温暖，绝缘世俗，自守清贫。读有余暇，潜心著述，读内容示不外说事也。此联便是写暖他的……上联说他恢不群（临已尚之作闲），非但描其性情，且兼指其饮言行，心直口快，蜜蔑谗讥，倒如成果不辞临近乎迂了，已成为他矢生的笑话……

拙生著作，文笔深刻。研究新之文料，敢于涉笔，往往伤人面于、潆架而广，非文俗之暖蛛涤迷他本、当今之世，家肠雅得、不过他本人倒是个笑的快活三，不见他的文毛那得苦寒、细察之，热肠一……脱天余，月有意旷别总思，以见过其人之为人陶虚今毛那祥发，细察之，热肠一个……才盾矛，可证文亦未必如其人也。

明德先生读二书主奎六场地练室主奎读其床座其中，其无床、乐在其中。先生床头之温暖，绝缘世俗，自守清贫。读书灯下之温暖，绝缘世、此联说他读书也。上联说他赤不外说事也。此联说他不群（他已简化件闲），非但其情化性，且兼指其情行，心直口快，决，蔑蔑谗讥，倒如……而视其人是"腐成果不于"，这就是不群而近手迂了，已成为他先生的笑话了……

先生之著作，文毛深刻。研究新之文料，而于涉毛，往往伤人取蜜鼠细，凝架而广，非文俗之暖蛛得活三个文俗之暖蛛迷活三个今之世，家肠雅得，不过他本人倒是个快活三，不愿他的文毛那祥发，热肠一竟无。此如察之，有意思总指别点思，在本，月有意指别点思，余者，以见过下联特别点，由此见其人之为人陶虚，才盾矛，可证文亦未必如其人也。

稿存世，为何不以手稿真迹影印却偏要重新录入呢？

流沙河《揿联丛话》共写了五十则，也就是五十篇三百字的短文，一丝不苟全部工楷抄写，每文均附有无圈改的毛笔楷书揿联手迹作插图。仔细欣赏，也没有发现"一些明显笔误"。仅就已见到的材料，《揿联丛话》系列联话一稿三发。最初是广州的《羊城晚报》副刊发表了八篇，一九九八年五月八日首刊，一直陆续发表到年底。已经见到的《羊城晚报》分八次发表，都是排印稿"丛话"与手书揿联同时发表，总题目《揿联丛话》用插图形式置于每次的"丛话"之首。

广州《羊城晚报》首刊《揿联丛话》第四天后，一九九八年五月十二日成都的《家庭与生活报》开始定期每周发表一篇，一直持续到一九九九年四月二十日的第四十九篇，最后一篇的文末有括注"《揿联丛话》载完"。前面引述《做蝴蝶梦》正文第十三页说过的"《家庭与生活》开始即误"一句中的《家庭与生活》也"误"，应该是《家庭与生活报》。

如今忘了这份小报本身就是一周一期呢，还是发表流沙河《揿联丛话》的副刊是每周一版。我留有部分流沙河《揿联丛话》发表剪报，可证当年我也订阅过这份报章。印象中，《家庭与生活报》原报名为《计划生育报》，几个头脑灵活的所谓文化人"接办"时改成《家庭与生活报》，一下子畅销全国。该报能够"抢"到流沙河的走红系列文稿《揿联丛话》完整首刊，足以说明其经济实力雄厚和组稿能力高超。

查了一下，本来总共五十则的《揿联丛话》，被《家庭与生活报》删去了没有发表的一则"公娼美称弄潮女　老爷凶似坐山雕"，手迹件编号为第四十七。该则短文开头为"真的看见报载，有某处发明了'弄潮女'的美称"，于是下文用二百七八十字予以揭示当时的一种社会现象，结末为"……那些沾二分公事的，凶狠如宋江，敢杀阎惜姣"。文中所述，把"解放"前的"资本家"等同于"今美称之为民营企业家"，亦是流行的看法。但行诸文字公开发表，编者就得掂量掂量，最终忍痛删去这一则。

流沙河《拙联丛话》在成都《家庭与生活报》上连载弄得红红火火时，《重庆晚报》于一九九八年十一月三十日起开始选刊，也是手书楹联和"丛话"搭配重刊，到次年下半年共发表了三十六篇。

当年的"一稿多投"不算违规，尤其是有点名气的人写的文章，"一稿多发"相当普遍。

如今收在《做蝴蝶梦》一书中的《拙联丛话》，只有四十七则即四十七篇文章。反复核实，除了被《家庭与生活报》删去的一则外，还有一则应该是编者未见到原稿或发表件导致的疏漏。这一则楹联为：

慧眼观人朋友善
良心办事睡眠香

无论怎么"过度剖析"，这副对联本身的内容也不犯忌。发表于《家庭与生活报》上的此则"拙联丛话"摘要如下。

何谓慧眼？我说不清楚。我只知道入木三分的锐

流沙河书《慧眼良心》联手迹

利目光绝非慧眼。这种目光据说可以识破一切事件的本质，看透一切人物的灵魂。……我猜想，慧眼应该含有三分宽容吧。咄咄逼人的眼睛到处看见敌人，哪来"朋友善"。若用宽容的眼睛看，这世上毕竟好人多，有时恶也可以转善。

何谓良心？我说不清楚。……我猜想，良心应该含有三分慈悲吧。慈就是软弱，悲就是同情。办事总要替别人想一想，将心比心才好。俗话说："要公道，颠个倒。"这样办事，仰不愧神明，当然"睡眠香"。

这副对联的手迹，也作为插图刊布，各位又多见一副流沙河

"手书楹联"。

其次说一下这本《做蝴蝶梦》重印时应该改进的地方，不太多，但改进了更佳。

估计碍于出版规范，这本书用了简体字排版，但个别地方却又用了正体字即所谓的繁体字，如第三〇二页中一联中的"鼍"字。这个"鼍"是有对应的简体字的，虽然笔画仍然多，但还是得用这个笔画多的简体字。这个"鼍"字的简体字，就是"鼍"。用流沙河的文字研究视角来看，这个"鼍"体现了急急忙忙弄出"简化字"的无规无范可寻，像上半截何以不直接用"嘼"的简化字"兽"套换此字上半截呢？如这样，上"兽"下"电"就容易记忆了，笔画还少了四笔。规定"鼍"简体字的字形为"鼍"，真是不便于指导小孩子和初习汉字的人辨认和书写。鼍，读音为 tuó。流沙河这儿用这个字代表鼍龙，"鼍吼"即"鼍龙的吼声"。鼍龙，就是扬子鳄，是鳄的一种，我国特有，好像也被称为"中华鳄"。再版重印时如排印的文字都是简化字，就要改用"鼍"。

该书第三百三十二页流沙河的"手书楹联"为"琴裏高山調　诗中瘦鸟吟　王世贞句"，旁边排印的释文为简体字的"琴里高山调　诗中瘦鸟吟　王世贞句"，紧接着是括号里面的"编者注"："原诗为'琴里高山韵，诗中瘦岛吟'，作者是袁宏道。"这个"编者注"把人弄得糊涂，怎么又出现了一个"作者是袁宏道"？流沙河的"手书"与释文相校，上联的"调"原为"韵"、下联的"鸟"原为"岛"，这个究竟是流沙河的记忆出错还是故意改写，不敢乱说。从字义来讲，"山"不能对"鸟"，还是"高山""瘦岛"对得起。奇怪的是，"编者注"突然出现"作者是袁宏道"。难道这是王世贞袭用了袁宏道的诗词名句？其实，"编者注"该多写几个字，交代一下"流沙河记忆失误，应该为也是明代的袁宏道《夏日城西园亭闻蝉得阴字（其一）》一诗中的句子"。

这本《做蝴蝶梦》除三首诗的手稿之外，二百八十件手书楹联在书写形式上全是自右至左地竖写、释文，编者注也是自右至左地排版。但该书在实际阅读时的翻看方向却又是自左至右、顺序编码的横式书写排印图书的装订方法，有些不伦不类。建议重印时，改为传统线装书的自右至左的装订法，把全书需要排印的文字一律改用正体字即人们常说的繁体字，以与"手书楹联"的文字呈示完全保持一致的表达方式。

还有，需要编制一个音序索引，把二百八十副"手书楹联"按楹联给题目的传统方法，各取上下联的头一个词组一般为四个字或六个字的格式，附一个详目，如"A"音区域就有"矮哥幺妹"和"安身落脚"两个列目，"B"音区域就有"拔起飘落"等等至"百岁一星"共十四个列目。现在的目录只有五个分类和一个附录，要查具体收入了哪些"楹联"，翻找起来真是不容易。重新制作详尽的楹联细目时，在文字后最好括注"五字联""七字联"或"九字联"等，因为上联下联头一个词组重复但后文又不重复的现象也有一些。

再说一下流沙河"手书楹联"的出处探索。

对这二百八十副楹联内容的宏观或者微观的类分历史研究或理论哲学层面的纵横剖析，也就是近几十年走红的见仁见智、公说婆说的各路高见呈现的全国核心刊物极难挤进去发表的议论文字，我觉得是很容易操作的事，因为"我认为"不需要太费功夫，其实这正是我的短差之处，就不献丑了。依照已经发布的"流沙河文化研究"篇章自然生成的行文体例，这里把流沙河创作楹联和书写楹联的源头说一下，该方面的确值得细细挖掘，此处我是真正的抛砖引玉。

这本《做蝴蝶梦》第一百五十八页的"賞花尋夢人獨立　唧泥築巢燕雙飛"，是从中国古人经典诗词名句中化用扩写而来的。正巧几年前在原《成都晚报》副刊编辑张大成家中见到一件字幅，正是应张大成之请流沙河为他撰书的，也可以说是楹联，共十字，两行：

落花人獨立
微雨燕雙飛

字幅正文后有小字跋文，补加标点符号后用简体字录出，为"宋词名句。妙在花、雨、燕皆动而人独静，动静有致，意象活泼，予甚爱之，录赠大成先生。时在一九九四年六月三日。流沙河"。

流沙河所说"宋词名句"，是指晏几道的"名句"，出自晏几道的《临江仙》，全词为：

梦后楼台高锁，
酒醒帘幕低垂。
去年春恨却来时，
落花人独立，

微雨燕双飞。

记得小苹初见，
两重心字罗衣。
琵琶弦上说相思，
当时明月在，
曾照彩云归。

然而，被流沙河"甚爱之"并写成字幅赠人的"落花人獨立，微雨燕雙飛"偏偏不是"宋词名句"，这两句一字不改全从五代诗人翁宏的《春残》一诗中搬来，叫"袭用"也不冤枉晏几道。五代诗人翁宏《春残》全诗，照录如下：

又是春残也，如何出翠帏？
落花人独立，微雨燕双飞。
寓目魂将断，经年梦亦非。
那堪向愁夕，萧飒暮蝉辉。

据说，五代诗人翁宏终生只留下两首诗。这一首有八行，广为流传的"落花人独立，微雨燕双飞"又被后人误以为是宋人晏几道的"名句"。在《辞海》第六版上没查到翁宏的生平事迹，但五代始于公元九〇七年、终于公元九六〇年，而晏几道出生于公元一〇三八年、卒于一一一〇年，就算他二三十岁就开始写作诗词，也晚翁宏近百年！无论是广为误传"落花人独立，微雨燕双飞"是晏几道的"名句",还是流沙河一时记错了,我们都有指出来的责任。至少,在晏几道的作品集《小山词》的该诗词注文中,一定要明确指出这两句是"借用五代诗人翁宏《春愁》的现成名句",不可以再误传下去了。

上面说了这么多,读者或许以为我只在"挑刺"。其实,我很高兴得见《做蝴蝶梦》这部装帧典雅的"流沙河手书楹联集萃"正式出版,因为马上就是先生九十二岁冥诞和仙逝三周年,以这书呈献给先生的这两个重大纪念日,实在庄重而得体。

紧接下来的繁重任务,也是本文的最后一个话题,即我们要加大力度不间断地持续进行流沙河"手书楹联"的搜集工作,注定会有更大的收获。

这本《做蝴蝶梦》第二十六页有"三五满明月 二八期麗人"的祝成都民俗月刊《龙门阵》创刊十五周年的贺联,其中已公开发表的就另有一副曰"以优质守住阵地 用特色打开市场"的《龙门阵》"百期之喜"的楹联,落款饱含亲切,为"忠实读者流沙河 九七之春"。这本《龙门阵》加印的百期纪念册,我是前年冬天冒寒在成都送仙桥冷摊早市一大堆废旧杂志中以一元购得的。公开发表了的流沙河楹联数量不可低估,如二〇〇二年秋为"锦里文化留墨"所写的"诗抒痛苦 文写沧桑",不仅意思好,字也好。

未发表过的流沙河"楹联"性质的题词,其数量也大,如他为友人购藏的他的著作题扉有不少就是两句对仗工整的句子。而且在日常生活中,流沙河也爱用"楹联"式的两行诗句交流。一九九七年十二月五日,我收到一个信封,里面装了几千元钱,是我为还购房款向他借的，这个信封我珍藏至今，因为信封上用毛笔写了"小助熟人勿言谢　大庇寒士好著书"，一看就知道是杜诗名句的借用翻新充实，又是一副"手书楹联"。

在一个很随意的场合，我说一家茶叶公司在征集一副楹联的上联，流沙河一听就兴味十足地询问具体情况。我说出下联"青山绿水间"，流沙河一看就起身找来一支毛笔，蘸了墨汁在纸片上不假思索就写出了一副"手书楹联"：

紫笋碧螺裹

青山绿水間

他还用毛笔指着"紫笋"和"碧螺"说都是名茶称呼，并用小字写出两个括注"茶名"。因为我告诉他，"青山绿水"是一种苦丁茶的名称。流沙河说："写对联，要名词对名词、动词对动词，色彩也要对得起，还有虚词也要对得上。"这幅流沙河随手写出的字条，"紫"对"青"，"碧"对"绿"，"笋""螺"分别对"山""水"，方位词"裹"对"間"——真是工对！

流沙河健在时的最后二三十年间，全国各地书友托我代求他老人家的字幅或著作扉页题笺，几乎每月都有十几起。我竭尽全力，基本上满足了各方书友的欲求，尤其是自以为有名声但又毫无成就的所谓读书人，我不敢怠慢。虽然真是费神费力又费银两，毕竟也是益事、善事，用拙荆的话讲："做了就做了，不要再说。"这些字幅和题扉上的流沙河墨宝，只要我心情不太恶劣，都复印或拍照了才快件挂号寄走，应该有几十上百件的存留，要

"地摊式"清理一下也可丰富"流沙河楹联"这个宝库。更希望各方书友、读者,尤其是流沙河故里的其亲朋好友晚辈们,能提供各自所存的流沙河墨宝图片,特别是楹联,希望有更齐全更丰富的《流沙河手书楹联集萃》增订一版、增订二版乃至于增订 N 版持续不断重印,当为喜爱"流沙河文化"的读者所盼望的大好事。

特载 流沙河手书简历

流沙河简历

1931年　11月11日生于成都市忠烈祠南街。

1934年　移居上北打金街良医巷。

1935年　4月随父母迁回金堂县城厢镇槐树
街余家大院。此院筑于道光末年。
院内挂匾甚多，由此识字兼受法书
熏陶。尚未入学，家母教认字方。

1937年　秋入县立绣川女子小学。

1938年　春改入县立金渊小学。在此一直读
到高一册班。高一册班留级。

1942年　秋跳入县立初级中学一期。留级。

1943年　春仍读一期。又留级。
秋退回金渊小学高四册班。在此毕

业。读毕业班时，课外常看成都报
纸新新新闻，想做新闻记者。

1944年　春入本县私立崇正初级中学一期，
　　　　第三班。此后勤学戒玩，直到毕业
　　　　。其间约有两年之久，每日课外以
　　　　及寒暑假期，受教于老秀才黄捷三
　　　　先生，聆讲《诗经》和《唐诗三百
　　　　首》。攻读古籍由此入门。

1947年　春入四川省立成都中学高中一期，
　　　　第二十三班。此后时局动荡，同学
　　　　罢课抗议，游行示威，都加入了。

1948年　秋开始发表文学习作在本市报刊上
　　　　。课外多读五四以来文学名家的作
　　　　品，深受影响，想当作家。

1949年　秋跳入国立四川大学农业化学系。

住三瓦窑新生院。沉迷写作，观念
左倾，盼望解放。12月底，在成都
欢迎解放军入城。

1950年 春在金堂县学生联合会文艺宣传队
活动。3月因误会被拘入县公安局
半月。6月入县小学教员训练班，
住地在姚渡乡曾家寨子。7月分派
到淮口镇女子小学教书。尚未开学
，为学校编剧排戏演出。8月在川
西日报副刊发表小说《反破坏》。
9月调到成都川西日报社做见习编
辑，参加川西农民报的创办工作。
住地在南沟头巷。

1951年 编川西农民报副刊版和国际时事版
，并在副刊版连载与陈谦合著的中

篇小说《牛角湾》。随后又由川西人民出版社出版。出版后在川西日报副刊受到广泛严厉的批判。

1952年 在川西农民报期间，5月加入新民主主义青年团。7月调到四川省文联任创作员。住地在布后街。8月下农村体验生活，直至翌年3月。住地在大邑县三岔乡第七村。

1953年 6月又下农村体验生活，直至年底。先是协助乡村普选，后是协助粮食统购。住地在新繁县禾登乡新民社。

1954年 到《四川群众》做编辑。在重庆《西南文艺》发表诗作《寄黄河》，反响好。从此专注写诗。著文参与批判俞平伯《红楼梦研究》。

1955年　仍在《四川群众》做编辑。著文参
　　　与批判胡风文艺思想，并受命起草
　　　胡风文艺思想批判提纲。

1956年　2月到北京出席全国青年文学工作
　　　者会议，为时半月。此为首次出川
　　　。会毕留京列席全国先进生产者大
　　　会，做采访工作，与杨世元合作特
　　　写一篇。完成后仍留京。

　　　4月入中国作家协会文学讲习所第
　　　三期。住地在宝钞胡同。所址在鼓
　　　楼东大街。

　　　5月短篇小说集《窗》中国青年出
　　　版社出版。

　　　7月诗集《农村夜曲》重庆人民出

版社出版。

　　9月回到成都后，与人倡议筹办诗刊。此后做《星星诗刊》编辑。

1957年　元旦《星星诗刊》出创刊号。半月后该刊上散文诗《草木篇》在四川日报副刊上受到猛烈批判。随后火力扩大范围至全国报刊，持续批判近三个月。《草木篇》定性毒草。

　　5月诗集《告别火星》作家出版社出版。上面号召大鸣大放，遂接受文汇报记者范琰采访，表示不满。在省文联召开的座谈会上，亦发言表示不满，载在四川日报和成都日报。

　　6月全国开始反右派斗争。不久，

我在那次座谈会上的发言定性资产
阶级右派的猖狂进攻。

7月起，大会小会，低头认罪，揭
发斗争，忧惧处分，为时近十个月
，完全搞臭。

1958年 5月4日开除团籍。6日宣布开除
公职，戴上帽子，留本单位监督劳
动，发生活费月二十元（两年后改
为三十元）。此后帮编辑部改稿校
稿，做各种劳役，通读《庄子》。
10月到大邑县和崇庆县山中炼铁。
年底返回。

1959年 做各种劳役，研读《诗经》。
10月到磨盘山农场劳动。住地在公
社敬老院。

1960年　1月迁到凤凰山农场劳动。不久患
　　　　饥饿性水肿。

　　　　7月调回本单位，停劳养病，为时
　　　　一年。其间勤读古籍，涉猎甚广。

1961年　7月到本单位建筑工地种菜守园。

　　　　住地在东风路（今大慈寺路）。

1962年　1月到本单位图书资料室协助工作
　　　　。住地在布后街。开始研究《说文
　　　　解字》。写长诗《曹雪芹》。

1963年　9月又到凤凰山农场劳动。

1964年　仍在凤凰山农场劳动。

1965年　5月到净居寺农干校集训两月。

　　　　12月凤凰山农场停办。仍暂住此。

1966年　4月送回故乡金堂县城厢镇劳动，
　　　　到北街木器社解锯木料。住地在城

厢镇槐树街。一住十二年之久。

8月与何洁结婚。

1967年　解锯木料。

8月儿子余鲲出生。

1968年　解锯木料。

1969年　解锯木料。

1970年　1月到砖瓦厂做砖三月。

4月仍回木器社解锯木料。

1971年　解锯木料。

1972年　解锯木料。

1973年　春改行钉包装箱。

1974年　钉包装箱。

1975年　钉包装箱。

1976年　钉包装箱。

1977年　钉包装箱。译美国小说《混血儿》。

成都艺术馆

通读《史记》三遍。

1978年　钉包装箱。

5月6日宣布摘掉帽子。

10月通知到金堂县文化馆工作。

12月迁居金堂县三江镇。住地在县

公园。

1979年　仍在县文化馆工作。

4月复出在《诗刊》发表诗作。

9月省文联通知改正1958年5月所

作右派结论，调回原单位。

12月迁回成都市，到省文联仍做《

星星诗刊》编辑。住地先在东风路

，后在布后街。

1980年　做《星星诗刊》编辑。此后五年编

辑馀暇，勤写诗和诗论，竟致胃疾

19×15=285

。胃疼反复至今，已成终身疾患。

7月河北诗会，为时一月。住地在北戴河。会后去唐山游。

8月东北诗会，为时一月。住地在丹东市。会后去大连、烟台、青岛、济南、石家庄游。

1981年　组诗《故园六咏》获中青年奖。

春承德诗会。

8月庐山诗会。

1982年　翻译小说《混血儿》重庆人民出版社出版。

《流沙河诗集》上海文艺出版社出版。

夏屯溪诗会。会后去黄山、新安江、富春江、杭州游。

1983年　《流沙河诗集》获奖。

诗集《游踪》黑龙江人民出版社出版。

诗集《故园别》四川人民出版社出版。

《台湾诗人十二家》重庆人民出版社出版。

4月巢湖诗会。会前先去凤阳、怀远、阜阳、界首游。

8月南斯拉夫斯特鲁卡诗会。住地在奥赫里德。会后去斯可布里、德多沃、贝尔格莱德游。

1984年　《隔海说诗》三联书店出版。

4月洛阳牡丹花会。会后经西安，游骊山。

5月青春诗会辅导。住地在北京郊区大羊坊。

1985年 《写诗十二课》四川文艺出版社出版。

1月作协四次代表大会当选理事。会后参加理事会。返回成都后，已调出《星星诗刊》，专业创作。

1986年 继续研究介绍台湾诗。

11月上海国际华文作家会议。住地在金山。会后去北京参加理事会。

1987年 《十二象》三联书店出版。

1月团访菲律宾，游马尼拉、宿务。独谒二战美军坟场。

12月起夫妻分居。

1988年 《锯齿啮痕录》三联书店出版。

《台湾十二中年诗人》重庆出版社
出版。

《余光中100首》四川文艺出版社出
版。

1月珠江诗会，广州周边游览。

夏中美作家会议。住地在乐山。

1989年　诗集《独唱》花城出版社出版。

春重温《庄子》。

5月17日签名。翌日游行。

8月动笔做《庄子现代版》。

1990年　续做《庄子现代版》。

11月8日同去街道办事处递交离婚
申请书。翌年1月办完离婚手续。

1991年　4月做完《庄子现代版》。

12月17日认识吴茂华。

1992年　《庄子现代版》成都出版社出版。

10月与吴茂华结婚。

动笔做《Y先生语录》。

1993年　续做《Y先生语录》至翌年完。

4月动笔做《唐诗三百首点评》。

三个月做了五十首，知难而止。

5月十二指肠住院近一月。（病发）

1994年　《Y先生语录》四川人民出版社出

版。

2月吴茂华受聘《龙门阵》上班。

9月动笔做《Y太太语录》至翌年

完。

《画字》完成六十幅。

1995年　《南窗笑笑录》群众出版社出版。

《流沙河随笔》四川文艺出版社出版。

《流沙河诗话》四川文艺出版社出版。

9月修订《金堂大小寺余氏谱》。

1996年　《刘云泉书流沙河联》中国文联出版公司出版。

7月退休。

11月晤余光中于成都，同游杜甫草堂、武侯祠。

1997年　8月同茂华应邀去北戴河小住。

1998年　10月同邵燕祥游九寨沟。

11月同茂华应邀参观南昆铁路。

1999年　《庄子现代版·增订本》上海古籍出版社出版。

4月同邵燕祥游承德避暑山庄。同茂华游洛阳龙门石窟、千唐志斋。

5月应邀到十堰市，游武当山。

7月为千唐志斋书碑三吏三别。

2000年　9月同茂华应邀去南京凤凰台，逐游苏州、嘉兴、海宁、上海。

11月同茂华应邀去长沙湘泉酒店，并游湘西凤凰、张家界、武陵源。

2001年　《流沙河短文》四川文艺出版社出版。

7月自红星路迁居大慈寺路。

2002年　《Y先生语录·丁聪漫画本》东方出版社出版。

2003年　《书鱼知小》凤凰出版社出版。

2004年　《老成都》江苏美术出版社出版。

编　后

　　这本排印出来有十几万字版面篇幅的《初读流沙河》，仍是我已出专业研究图书的模样。在行文中，我仍然力避可说是毫无学术价值的议论、抒情和发挥，只把我要弄清的"文事"说明白、把读者想知道的"史实"交代清楚，就不再写下去。"我认为""我觉得"之类的悬空绕圈子说废话，已成为这几十年我们这个专业学界的大弊甚或顽症，几乎瘟疫般地铺天盖地。要彻底摆脱这"为文"之恶习，很难。自然，不议论、不抒情、不发挥，就只用"白描"般的通透文章来摆"事实"，连"道理"也少讲或者不讲，更难。我自己，尽力吧。

　　对于"流沙河"这座文化"大山"，虽然有三四十年的接触、交往，但毕竟各人有各人的事情，见面了或陪同他老人家外出讲学，也并非总是询问一些"学问"上的事。其实，再熟的同行、再亲切的关系，如果不大量前后左右地细心地遍览相关文献史料、遍读其已发表或未发表的文字，要彻底了解一个亲近的文人、作家，也难。本书谈及的流沙河长诗《老人与海》的创作过程，我就费了大力,才弄成如今这个样子。

流沙河去世后不久,我受相关部门委托担负起全面研究他的任务。和几十年持续研究艾芜一样,研究流沙河,我也是发自内心地接受使命,因为只要下气力,还是可以弄出一些劳绩的,也以此告慰天堂里的先生。

这本书不大,书名《初读流沙河》不是谦虚,是"写实"。本想用《走近流沙河》作为这本书的书名,下一本就是《走进流沙河》。用五六年或十多年投入大半时间和精力"研究"流沙河,以我的悟性和能力,也无法完成由"走近"到"走进"的过程和目标。流沙河的经历丰富到了复杂,一些已见的公开发表的"回忆",大多"各话各说"。如《星星》诗案,一九五七年发生的事,就无法找齐全部重要文献史料。基本事实你都搞不清楚,"走近"和"走进"都是四川话讲的"空了吹"。流沙河的家庭生活,已有长文多次写及。我看后,只好退避,采取一种稳妥的策略,觉得可以避开不谈,也不影响对流沙河文化奉献的成功述说。

流沙河生前环绕在他身边十多年几十年的熟人、同学和所谓的"朋友",也几乎全是"兴之所至,无所不谈"的同时,却无力把一件小小"文事"或"史实"说明白的状态。我发现,更多的是在利用"流沙河"这个品牌。说写"小平金句"那一文涉及的方方面面,就可以证明这一点。也就是说,"读流沙河",急不得。精力、时间和所见文献史料之外,还有一个"能力"和"格局"问题。我只敢表态:我努力、我尽力,甚至是"吃力"地做一些应该做好、可以做好的事吧。

感谢夏春锦的敦促,感谢罗人智及其供职的浙江大学出版社,能使这一本《初读流沙河》以如此的面貌与读者见面。

龚明德

二〇二四年十月二十日晨